POLYGLOTT

LAGO MAGGIORE
LUGANER & COMER SEE

ON TOUR

W0054436

DIE AUTORIN

SUSANNE KILIMANN

ist freie Journalistin, lebt in Berlin, hat in Florenz Italienische
Sprache und Literatur studiert und berichtet seit vielen Jahren
für verschiedene deutsche Medien – unter anderem für das
Informations- und Kultur-Hörfunkprogramm »NDR Info« und
das Online-Reisemagazin »Weltreisejournal« – aus dem
Stiefelland, für das sie schon seit ihrer frühesten Kindheit
schwärmt.

Unser E-Book-Code zur elektronischen Erweiterung des
POLYGLOTT on tour. Das kostenlose E-Book enthält die im
Reiseführer aufgeführten Adressen entlang der Touren,
beispielsweise zu Essen und Trinken, Shoppen, Aktivitäten
und Hotel-Tipps. Links auf einen externen Kartendienst
vereinfachen das Auffinden dieser Adressen.

WWW.POLYGLOTT.DE

SYMBOLE ALLGEMEIN

 Erstklassig: Besondere Tipps
der Autoren

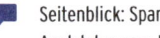 Seitenblick: Spannende
Anekdoten zum Reiseziel

 Top-Highlights und

 Highlights der Destination

TOUR-SYMBOLE		**PREIS-SYMBOLE**	
1 Die POLYGLOTT-Touren		Hotel	Restaurant
6 Stationen einer Tour		(DZ)	(Menü)
A1 Die Koordinate verweist auf	€	unter 90 EUR	unter 30 EUR
die Platzierung in der Faltkarte	€€	90 bis 160 EUR	30 bis 45 EUR
a1 Platzierung Rückseite Faltkarte	€€€	über 160 EUR	über 45 EUR

ZEICHENERKLÄRUNG DER KARTEN

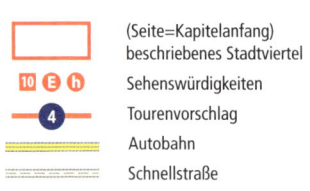

(Seite=Kapitelanfang) beschriebenes Stadtviertel	
10 **E** **h** Sehenswürdigkeiten	
4 Tourenvorschlag	
Autobahn	
Schnellstraße	

Hauptstraße	
sonstige Straßen	
Fußgängerzone	
Eisenbahn	
Staatsgrenze	
Landesgrenze	
Nationalparkgrenze	

Lago Maggiore S. 54

TOP-12-HIGHLIGHTS

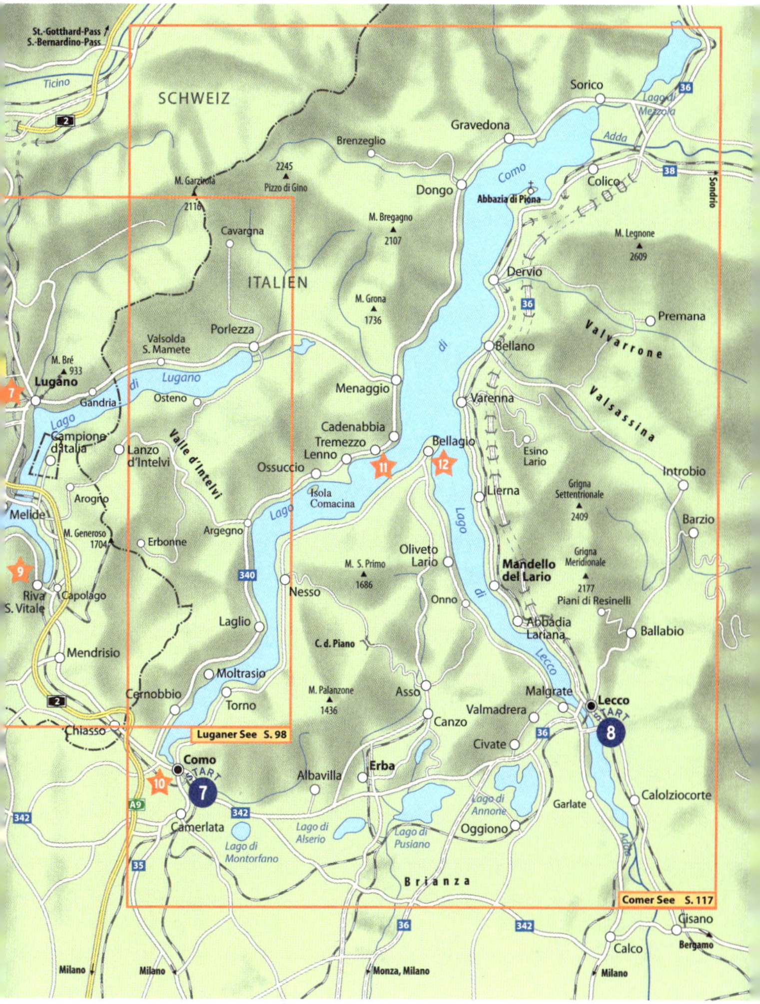

Der Wallfahrtsort Madonna
del Sasso oberhalb von Locarno

TYPISCH

DIE OBERITALIENISCHEN SEEN SIND EINE REISE WERT!

»Laghi« vor grandioser Bergkulisse, alpin-mediterranes Flair, mondäne Villenorte am Ufer, stille Dörfer in wildromantischen Tälern: Lago Maggiore, Luganer und Comer See locken mit einem faszinierenden Mix.

SUSANNE KILIMANN

Die Autorin ist freie Journalistin, lebt in Berlin, hat in Florenz Italienische Sprache und Literatur studiert und berichtet seit vielen Jahren für verschiedene deutsche Medien – unter anderem für das Informations- und Kultur-Hörfunkprogramm »NDR Info« und das Online-Reisemagazin »Weltreisejournal« – aus dem Stiefelland.

»Kannst du für uns an den Comer See fahren und eine Geschichte über ein Oldtimertreffen machen?«, fragte ein Redakteur, für den ich ab und an über Autos schrieb. Ja, ich konnte. Zum Glück. Denn ohne diesen Auftrag hätte ich diesen Teil des Landes vielleicht immer noch nicht kennengelernt. Italien hatte ich damals schon oft bereist: von Nord nach Süd und umgekehrt, im Zickzack und durch die Mitte, die großen Seen am Rande der Alpen dabei aber immer links liegen lassen. Wer will schon an einen See, wenn er auch das Meer jederzeit schnell erreichen kann? Dies war meine – völlig falsche – Devise.

Nun also packte ich den Koffer. Feine Garderobe musste mit, denn Veranstaltungsort des »Concorso d'eleganza«, dieses Oltimer-Ästhetik-Wettbewerbs, war die Villa d'Este, dem Redakteur zufolge eine der vornehmsten Luxusvillen am Comer See und eines der nobelsten Hotels in ganz Italien. Am Ziel der Arbeitsreise angelangt, hat mich die Schönheit schlichtweg umgehauen – die der automobilen Schätze, na klar. Viel mehr aber die Schönheit der See-und-Berg-Kulisse. Mehr als zehn Jahre ist das her und seitdem bin ich viele Male in der Region gewesen. Stück für Stück hat sich der bis dato weiße Fleck auf meiner Italienlandkarte mit Farben gefüllt, mit dem Blau und Grün des Wassers, das mit den Tages- und Jahreszeiten changiert, mit dem Violett, Rosa, Orange und Weiß der Rhododendren, Kamelien und Hibisken, die das Landschaftsbild an Oberitaliens Seen ebenso prägen wie die Palmen, Zypressen und Zitronenbäume. Mit den Gelb- und Ockertönen der Villen, die seit Jahrhunderten an den schönsten Uferstellen stehen und vom Glanz einer Epoche erzählen, in der es etliche Unternehmer in Como und Umgebung mit Seidenraupenzucht und Seidenfabrikation zu beträchtlichem Wohlstand brachten. Bausünden hat zu jener Zeit offenbar niemand begangen. Im Gegenteil: Mit den prachtvollen Villen haben die Baumeister die Landschaft veredelt und Gartenkünstler haben regelrechte Paradiese geschaffen – Parks und botanische Gärten, in denen Heimisches und Exotisches um die Wette blüht. Fast unwirklich schön ist der Park der Isola Bella im Lago Maggiore, der Besucher in grünem Barock schwelgen lässt.

Anders, aber ebenso reizvoll ist der Park der Villa Melzi in Bellagio, der den Zeitgeist der Romantik widerspiegelt, der Parco Scherrer am Luganer See, der Spaziergänger zu einer illustren »Weltreise« lädt. Beste Jahreszeit für die Gärten und Parks sind Frühling und Herbst, wenn die großen Touristenströme noch nicht eingesetzt haben oder schon abgeebbt sind, wenn

Im Park der Villa Melzi in Bellagio, am Ufer des Comer Sees

man diese scheinbar weltentrückten Plätze mit wenigen teilt und ihren Zauber umso stärker auf sich wirken lassen kann.

Zu Lugano, Locarno und Ascona, zu Bellagio, Como und den anderen mondänen Orten passt der sommerliche Trubel dagegen ganz gut. »Sehen und gesehen werden«, lautet das Motto –nicht nur, wenn sich die Stars beim Internationalen Filmfest von Locarno ein Stelldichein geben, sondern an jedem Sommerwochenendabend, wenn man sich mit der Menge, eingehüllt in eine Wolke aus Parfum- und Seifenduft, über die Piazza und an der Seepromenade entlang treiben lässt.

Wem es in den quirligen Städtchen am See dann doch zu turbulent wird, der kann zum Beispiel Kurs auf Brienno oder Ossuccio nehmen, auf die Dörfer im Valle di Livio am nördlichen Comer See oder auf die Centovalli im Tessin. Diesseits und jenseits der schweizerisch-italienischen Grenze finden sich etliche kleine Orte und Weiler mit ursprünglichem Charme, die selbst in der Hochsaison die Ruhe bewahren. Und wer den Kopf richtig frei kriegen will, dem steht das Beste zweier Welten offen: Man kann sich beim Surfen oder Segeln den Wind um die Ohren wehen lassen oder die Wanderstiefel schnüren und auf einem der Panoramaberge Hochgefühle erleben – wenn einem der eine oder andere See zu Füßen liegt.

Abends an der Promenade von Ascona, Lago Maggiore

WAS STECKT DAHINTER?

Die kleinen Geheimnisse sind oftmals die spannendsten. Hier werden die Geschichten hinter den Kulissen erzählt.

WER HAT DIE ÄLTESTE AUTOBAHN?

Anfang der 1920er-Jahre waren in ganz Italien gerade mal knapp 85 000 Autos unterwegs. Trotzdem erschien der Bau einer Straße, die nur von den schnellen neuen Verkehrsmitteln genutzt werden durfte, notwendig. Schließlich wollten die wohlhabenden autofahrenden Mailänder beim Sonntagsausflug an die Seen nicht hinter Fuhrwerken herzuckeln. Also wurde die »Autostrada dei Laghi« – die Seenautobahn – geplant und gebaut, die heute als A 8 von Mailand nach Varese und als A 9 von Mailand nach Como führt. Das erste Teilstück Mailand – Lainate wurde am 21. 9. 1924 eingeweiht. Damit waren die Italiener den Deutschen um ein paar Jahre voraus: Die Asphaltverbindung zwischen Milano und den großen Seen ist die älteste Autobahn Europas.

BRISSAGO ODER HAVANNA?

Fährt man am Tessiner Westufer des Lago Maggiore entlang, sticht in Brissago ein historischer Fabrikklotz direkt zwischen Straße und See ins Auge: die ehemalige Fabbrica Tabacchi Brissago. Gegründet wurde die Zigarrenfabrik in Schweizer Landen 1847 von Dissidenten aus Mailand. Sie wollten das Habsburger Tabakmonopol austricksen, denn damals herrschten die Öster-

reicher noch über den Norden Italiens. Die Tabakrollen wurden als Schmuggelware zu den grenznahen Kunden gebracht. Nach der Gründung des Italienischen Nationalstaates 1866 hofften die Zigarrenfabrikanten auf bessere Zeiten. Doch die neue Regierung behielt das staatliche Tabakmonopol bei, und Schmuggel blieb ein wichtiger Vertriebsweg der damals noch handgerollten Ware. Schweizer Auswanderer schließlich haben die »Brissago« auf dem amerikanischen Kontinent bekannt und – ganz offiziell – zum Exportschlager gemacht. 1999 wurde die Fabrik vom brasilianischen Dannemann-Konzern übernommen und zum Centro Dannemann umgebaut – mit kleiner Zigarrenproduktion und Besucherzentrum.

WAS MACHEN AGENTEN UND JEDIS AM COMER SEE?

Die Villa del Balbianello in Lenno könnte Ihnen bekannt vorkommen – zumindest, wenn Sie James-Bond- oder Star-Wars-Fan sind. In »Casino Royale« ist das feudale Anwesen ein Krankenhaus, in dem 007 (Daniel Craig) kuriert wird. Und auch für Filmszenen in »Star Wars II – Angriff der Klonkrieger« war die Villa Drehort, u. a. heirateten hier Anakin Skywalker (Hayden Christensen) und Padmé Amidala (Natalie Portman) heimlich.

50 DINGE, DIE SIE …

Hier wird entdeckt, probiert, gestaunt, Urlaubserinnerungen werden gesammelt und Fettnäpfe clever umgangen. Diese Tipps machen Lust auf mehr und lassen Sie die ganz typischen Seiten erleben. Viel Spaß dabei!

… ERLEBEN SOLLTEN

1 Zu Fuß zur Kunst Arcumeggia › S. 96 zieht mit modernen Fresken Kunstinteressierte an. Vom Marktplatz in Cuveglio führt ein schöner Wanderweg ins idyllisch gelegene Künstlerdorf (ca. 1 Std).

2 Vogelparadies In dem Naturschutzgebiet Bolle di Magadino › S. 91 nisten rund 240 Vogelarten. Ab Magadino lässt sich die Auenlandschaft auf markierten Wegen erkunden, geführte Bootstouren durchs Delta gibt es im Juli und August (Tel. 091 7951866, www.gambarogno turismo.ch).

3 Wind im Segel Der Nordteil des Comer Sees ist ein Paradies für Surfer. Wer einen Wind- oder Kitesurfkurs belegen will, sollte frühzeitig einen Platz reservieren, etwa bei KTS 40 in Colico › S. 139.

4 Am grünen Fluss Ein Naturerlebnis erster Güte ist die Wanderung durch das Tal der Verzasca von Sonogno nach Lavertezzo › S. 66. Dort bietet der grün schimmernde Fluss Wanderern seine natürlichen

Lavertezzo mit dem Ponte dei Salti ist ein beliebtes Wanderziel

»Whirlpools« zum Plantschen und steinerne »Betten« für eine Pause.

5 Sanfte Hügel, Kunst und Wein
Bei einer Fahrt entlang der Malcantone-Weinstraße > S. 107 von Lamone nach Monteggio (ca. 25 km) kann man ausgezeichnete Tessiner Merlots kennenlernen. Tipp: die Cantina Monti in Cademario ▮ C3 (Tel. 091 6053475, www.can tinamonti.ch). Nach einer Weinprobe ist auch die Pfarrkirche mit sehenswerten Fresken einen Stopp wert.

6 Mountainbiken mit Traumpanorama Tolles Terrain bietet die Rundtour in Luganos Hausbergen von Pazzallo über die Alpe Vicania (ca. 4 Std.), wo neben fantastischer Fernsicht auch eine deftige Stärkung lockt > S. 102.

7 Feiern auf der Piazza Bei einer *sagra,* einem traditionellen Fest, steht eine lokale Spezialität im Mittelpunkt. Schlemmen und feiern Sie mit – z. B. beim Steinpilzfest *Sagra del fungo porcino* in Brinzio ▮ C4 bei Varese (3. So im Sept., Info: www.pro locobrinzio.it).

8 Relaxen am Strand Der Lido di Zenna ▮ C3 am grenznahen italienischen Nordostufer des Lago Maggiore ist ein Hotspot für Sonnenanbeter und Badenixen, die sich hier gut in die Fluten stürzen können.

9 Durch Kastanienwälder Auf dem »Sentiero del Castagno« bei Arosio > S. 107 erfährt man alles über Esskastanien. Am schönsten

Tiefblick auf Castello di Vezio und den Comer See

ist die Wanderung im Herbst, wenn man danach auf einem der lokalen Kastanienfeste geröstete *maroni* kosten kann (Broschüre erhältlich bei der Ente Turistico del Luganese > S. 105, auch zum Download z. B. auf www.lugano region.com).

10 Die Burg von Vezio Das Kastell > S. 140 hoch über Varenna war im Ersten Weltkrieg Teil der Verteidigungslinie, mit der die Italiener den Vormarsch der Deutschen stoppen wollten. Spannend ist die Führung durch die geheimen Gänge.

11 Zu den wilden Orchideen Im Naturpark Ticino am Lago Maggiore südlich von Arona kann man endemische Orchideen bewundern und den Park, z. B. ab Sesto Calende > S. 84 (Bahnstation), auf schönen Rad- und Wanderwegen erkunden.

12 **Mitmachen oder anfeuern**
Beim Mini Tri von Locarno am
ersten Wochenende im September
schwimmen Hobby-Sportler 500 m
durch den See, radeln 20 km, legen
diese Distanz dann auch noch lau-
fend zurück und werden von Einheimischen und Urlaubern begeistert gefeiert (Infos: www.3locarno.ch).

... PROBIEREN SOLLTEN

13 **Polenta** Der feste Maisgrieß-
brei war früher ein typisches Arme-
Leute-Essen, heute sind Polenta-
gerichte echte Gaumenkitzel und
werden in vielen Variationen serviert: Probieren Sie z. B. Polenta mit
Gorgonzola zum Rinderbraten im
Antico Grotto Fossati › S. 114 in Meride bei Lugano.

14 **Formaggio d'alpe** Käse von der
Alp mundet doppelt gut, wenn man
ihn sich redlich erwandert hat. Las-

Auf geht's zum Mini Tri von Locarno

sen Sie sich Hausgemachtes aus der
Käserei der Tessiner Alpe di Neggia
› S. 89 oberhalb des Lago Maggiore
schmecken.

15 **Frisch aus dem See** Fisch ist
nicht wegzudenken aus den Küchen
der Region. Ausgezeichneten zu fai-
ren Preisen gibt es im Casabella
› S. 79 auf der Isola dei Pescatori.

16 **Der Unsrige** Barolo, Barbera
und Merlot sind an den Oberitalienischen Seen zu Hause und international renommiert. Guten Wein für
kleines Geld bekommen Sie aber in
der Region auch, wenn Sie in einem
Lokal den Hauswein *(nostrano)*
bestellen, etwa im Agriturismo La
Costa in Perego ▮ F4 bei Lecco
(Via Curone 15, Tel. 039 5312218, www.agri
turismolacosta.it).

17 **Risotto mit saisonalen Zutaten** Fast jedes Dorf im Tessin hat
seine eigene Risottospezialität. Probieren sollten Sie das Tomaten-
Basilikum-Risotto mit frischem
Ziegenkäse in der Osteria del Centenario › S.64 in Locarno-Muralto –
köstlich!

18 **Traditionsschinken** Wurst und
Schinken *(salumi)* werden in Italien
gern als Vorspeise serviert. Typisch
für die alpine Region ist *bresaola:*
Schinken aus Rindfleisch, der in
Rotwein und Marsala gebadet, dann
zwei bis drei Monate an der Luft ge-
trocknet und schließlich in dünnen
Scheiben genossen wird. Delikat ist
u. a. die Bresaola der Casera di Eros
Buratti › S. 75 in Verbania.

In Mario Bottas spektakulärer, festungsartiger Kirche am Monte Tamaro

19 Kuttelsuppe Innereien sind nicht jedermanns Sache, aber die Schweizer kriegen ihre *busecca*, die deftige Suppe mit Fleisch und Gemüse, so gut hin, dass man den Kutteln auf jeden Fall eine Chance geben sollte, etwa im Grotto Loverciano in Mendrisio ▮ D4 (Via Ai Grotti, Castel S. Pietro, Tel. 091 6461608, www.grottoloverciano.ch).

20 Hässliche Kekse *Brutti e Buoni* (hässlich und gut) heißen Mandel-Nuss-Kekse aus der Lombardei: keine hohe Konditorkunst, sondern einfache Plätzchen, die gut zu Kaffee oder Spumante munden. Super sind sie in der Pasticceria Veniani in Gavirate ▮ C4 bei Varese (Piazza Matteotti 4, www.bruttiebuoni.it).

21 Regionalküche in der Enoteca Weinläden, zu denen ein kleines Restaurant gehört, sind Garanten für authentische Speisen. Persönlicher Tipp: die Enoteca Il Grappolo › S. 84 in Arona.

... BESTAUNEN SOLLTEN

22 Bottas Panorama-Kirche Stararchitekt Mario Botta setzt moderne Architektur in die Schweizer Landschaft. Eines seiner Bau-Kunstwerke ist die Kirche Santa Maria degli Angeli › S. 90 auf einem Bergsporn über dem Luganer See. Die Rundsicht am Steilhang ist spektakulär, das Kircheninnere mit blauer Apsis unbedingt sehenswert!

23 **Das kleinste schweizerische Dorf** Corippo › S. 65 im Verzascatal steht komplett unter Denkmalschutz. Die adretten weißen Fensterumrandungen haben seit jeher einen bestimmten Zweck: Sie sollen Fledermäuse und Gespenster von dem Dutzend Einwohner abhalten.

24 **Sonnenuntergang über dem Comer See** Vom Bergdorf Brunate › S. 126 oberhalb von Como genießt man den Blick auf die Stadt, den See und den schneebedeckten Monte Rosa – herrlich bei Dämmerung!

25 **Stars und Sternchen** Während des 11-tägigen Filmfests von Locarno › S. 62 ist die Promidichte hoch und Fans haben die Chance, Hollywoodgrößen auf der Piazza Grande in natura oder zumindest im Open-Air-Kino auf Leinwand zu sehen.

26 **Botanische Weltreise** Die blühenden Attraktionen in den Gärten der Villa Taranto › S. 74 wechseln je nach Saison. Von Ende Juli bis in den Herbst lockt unter anderem ein »Dahlien-Labyrinth« mit 350 Varianten der beliebten Gartenblume.

27 **Guzzis V8.** Im Werksmuseum des traditionsreichen Motorradherstellers Moto Guzzi › S. 141 in Mandello del Lario kann man auch die berühmte »Otto Cilindri« bestaunen: eine Maschine mit 500-ccm-Achtzylindermotor, die 1955–1957 über Europas Rennpisten fegte.

Das Tessiner Bergdorf Corippo ist die kleinste Gemeinde der Schweiz

28 Der Koloss von Arona Schon von Weitem staunt man über die überdimensionale Kolossalstatue des San Carlo Borromeo aus dem 17. Jh. › S. 83. Innen führen eine Wendeltreppe und eine steile lange Leiter bis in den Kopf, durch dessen Augen man über den See bis ins Varesotto blickt.

29 Alpine Dinos Saurierfossilien von der Welterbestätte Monte San Giorgio zeigt das Fossilienmuseum › S. 114 in Meride, das von Mario Botta modernisiert wurde und deshalb sowohl für Frühzeit- als auch für Architekturfans interessant ist.

30 Blaue Stunde An Asconas (autofreier) Seepromenade › S. 66 spiegeln sich abends im Lago Maggiore die Lichter der Laternen – Berge, See und Himmel wetteifern um das schönste Blau.

31 Die verträumte Insel San Giulio im Ortasee wurde der Legende nach von einer bösen Schlange bewohnt, bis der Heilige Giulio hier in frühchristlicher Zeit Quartier bezog. Archäologische Funde aus dieser Epoche sind in der Krypta der Basilika › S. 81 zu sehen.

32 Romantischer Freizeitpark Pavillons, Skulpturen und Teiche waren typische Zutaten in den Parks, die sich der Adel um 1800 anlegen ließ. Paradebeispiel dafür ist der Park der Villa Melzi › S. 135 in Bellagio, der am Teich mit den japanischen Torbögen sogar fernöstliches Flair bietet.

Der Koloss San Carlo oberhalb von Arona

33 Automobile Preziosen Hochkarätige Oldtimer geben sich beim Concorso d'eleganza in der Villa d'Este › S. 128 ein Stelldichein Autofans können sie im Park der Villa und bei der Ausfahrt um den Comer See bewundern (meist im Mai; www.concorsodeleganzavilladeste.com).

... MIT NACH HAUSE NEHMEN SOLLTEN

34 Boccalini Die bauchigen Tontrinkkrüge für den Landwein sind ein klassisches Tessiner Mitbringsel, in hochwertiger Qualität erhältlich bei Associazioni di Artigiani del Ticino in Gordola ▮ C2 (Mo–Di, Do–Fr 9–11.30, 14–16.30 Uhr; Via San Gottardo 71, www.glati.ch).

35 Seidiges aus Como Schöne Schals und edle Rohseideaccessoires gibt es z. B. bei der Firma Frey in Fino Mornasco ▮ D5 (Viale Risorgimento 49, www.frey.it).

36 Panettini und Amarettini Die Mürbekekse lassen sich auch daheim gut vernaschen. In bester Qualität und reisetauglich verpackt bietet sie die Konditorei Al Porto in Locarno 📖 **C2** feil (Mo–Sa 6.30–18.30, So bis 18 Uhr; Piazza Stazione 6, weitere Filialen unter www.alporto.ch).

37 Kult für Küche und Bad Die Firma Alessi hat in Verbania ihren Sitz und bietet an der Straße Richtung Omegna ihre Haushaltsaccessoirs ab Werk. Wer sich für italienisches Küchendesign und die Schöpfer der schönen Dinge interessiert, hat seine Freude an dem Katalog, den man im Museum Forum di Omegna › **S. 82** bekommt.

38 Porcini Getrocknete Steinpilze (ca. 20 €/100 g) erhält man in Feinkostgeschäften oder auf dem Markt, z. B. in Luino › **S. 51**. In der heimischen Küche lassen sich damit – Kochtalent vorausgesetzt – köstliche Risotti und Soßen zubereiten.

39 Poster mit Nostalgie-Druck Postkarten, Plakate und Sticker bedruckt eine Druckerei in Lipomo 📖 **D5** bei Como mit Werbemotiven aus den 1930er-Jahren. Die *quaderni con le stampe anni trenta* haben fast schon Kultstatus. Verkauft werden sie in der Buchhandlung Dominioni (Di–Sa 9.30–12.30 u. 15.30 bis 19.30, Mo 15 bis 19 Uhr; Via IV Novembre, 72).

40 Tresterbrand Eine gute Grappa kann man sich auch zu Hause in der Kehle brennen lassen. Der Tessiner Winzer Angelo Delea stellt in einer alten Destille ausgezeichnete Grappe her, verkauft werden sie im Laden in Asconas Vorort Losone 📖 **C2** (Mo–Fr 8–12 u. 13.30–18, Sa 9–16 Uhr; Via Zandone 11, www.delea.ch).

Getrocknete Porcini erinnern im Kochtopf zu Hause an die vergangene Reise

41 **Naturgefärbte Wolle** Wer gern strickt (oder Strickfans beglücken will), fährt nach Sonogno › S. 66 und deckt sich im Dorfladen mit Schafwolle aus dem Verzascatal in allen erdenklichen Farben ein (Öffnungszeiten auf Anfrage; Casa della Lana, Tel. 091 7461213, www.proverzasca.ch).

42 **Rhododendronhonig** Auf Wochenmärkten rund um den Lago Maggiore, wie jenem in Cannobio › S. 51, wird der Honig verkauft (ca. 8–10 €/kg). Er schmeckt nicht nur auf Butterbrot, sondern auch mit Frisch- oder Hartkäse richtig gut.

... BLEIBEN LASSEN SOLLTEN

43 **Sonntags mit dem Auto um den See** Vergessen Sie's – zumindest in der Hochsaison! Denn denselben Einfall hatten Tausende andere auch schon. Das Ausflugsboot › S. 29 ist der beste Stauvermeider.

44 **Um Kleinigkeiten feilschen** Nach einem Rabatt kann man auf Wochenmärkten fragen, wenn man bei Textil-, Leder- oder Haushaltswarenhändlern einen größeren Einkauf tätigt › S. 51. Wer versucht, den Preis für ein Paar Socken runterzuhandeln, macht sich lächerlich.

45 **Getrennte Rechnungen verlangen** Wenn man in Italien mit Freunden oder Kollegen essen geht, übernimmt einer die Rechnung, den Rest macht man unter sich aus. Ein Grüppchen, das sich die Summe auseinanderdividieren lässt, handelt sich garantiert den Unmut des Servicepersonals ein.

46 **Cappuccino nach dem Essen** Wer nach dem Essen den Kaffee mit heißem Milchschaum bestellt, outet sich – zumindest aus Sicht der Italiener – als Kaffeekulturbanause. In Italien ist Cappuccino ein Frühstücksgetränk und nur der *caffè* (Espresso) der richtige Muntermacher für alle anderen Tageszeiten.

47 **Mittagessen in einer Bar** Die warmen Speisen kommen hier in aller Regel aus der Mikrowelle und sind ihren Preis nicht wert.

48 **Um den Comer See radeln** Es gibt wunderbare Radstrecken in der Region, die schmale, viel befahrene Straße um den Lago di Como gehört definitiv nicht dazu. Hier strapazieren Radler die eigenen Nerven und jene ihrer Schutzengel!

49 **Mittags hungrig in Santa Maria Maggiore aussteigen** Die 1200-Seelen-Gemeinde an der Centovalli-Bahnlinie ist, wie andere Orte an der idyllischen Strecke auch, mittags wie ausgestorben. Die kleinen Läden machen Mittagspause, Restaurants gibt es nicht.

50 **Gefälschte »Markenartikel« kaufen** Der Erwerb gefälschter Handtaschen, Sonnenbrillen und anderer Fake-Artikel kann richtig teuer werden: Mit bis zu 10 000 € Bußgeld müssen ertappte Käufer (!) rechnen.

Bootsfahrt auf dem Lago d'Orta
vor der Isola di San Giulio

REISEPLANUNG
& ADRESSEN

DIE REISEREGION IM ÜBERBLICK

Reisende erliegen seit jeher dem Zauber der Seengruppe zwischen Palmen und ewigem Eis, zu der neben dem Lago Maggiore und dem Comer See auch die verträumten Seen des Varesotto, die kleinen Voralpenseen der Brianza, der geheimnisvolle Ortasee und der Luganer See gehören.

Der Zusammenklang von Bergen, die ewiger Schnee verzuckert, und Wasserflächen, die von Steilwänden bis in üppige, subtropische Gartenlandschaften reichen, ist von besonderem Reiz. Die beiden italienischen Regionen **Lombardei** und **Piemont** sowie der Schweizer Kanton **Tessin** teilen sich die Seen. Das sorgt für Abwechslung und Vielfalt in der Küche wie auch beim Wein. Kulturell hat man es mit einer einheitlichen Region zu tun, die ihre Prägung vor allem unter den Mailänder Herrschergeschlechtern Visconti und Sforza erfahren hat.

Am **Lago Maggiore** wird das Westufer vom Tourismus stärker frequentiert als das rauere Ostufer. Kulturelles Zentrum am Nordende des Sees sind die Zwillingsstädte **Locarno** und **Ascona** mit ihren historischen Altstädten, zahlreichen Museen und dem bereits südländischen Ambiente. Der Nordwesten des Lago ist Treffpunkt der Camperszene: Cannobio Lido zählt zu den beliebtesten Badeplätzen am See, und das benachbarte Cannero Riviera ist für sauberes Wasser bekannt. Wichtigstes touristisches Zentrum ist der **Borromäische Golf** mit den Städten Verbania und Stresa. Das milde Klima, die üppige Vegetation botanischer Gärten und palmenbestandene Promenaden machen diese Ecke seit dem 19. Jh. zum Reiseziel der gehobenen Gesellschaft, mit prunkvollen Belle-Époque-Hotels und einer guten touristischen Infrastruktur. Kultureller Höhepunkt sind die berühmten Borromäischen Inseln. Für Kulturfreunde und auch Schnäppchenjäger lohnt ein Abstecher zum benachbarten **Lago d'Orta**. Das östlich anschließende **Varesotto** liegt zwar im Schatten der großen Seen, bietet jedoch für archäologisch Interessierte und Freunde moderner Kunst einige Leckerbissen. Badeurlauber wählen im Süden des Lago Maggiore den Lago di Monate oder den Lago di Mergozzo am Borromäischen Golf – beide zählen zu den saubersten Gewässern der Region. Das rauere Nordostufer des Lago Maggiore hat kulturell weniger zu bieten, besitzt aber gute Badeplätze um Maccagno, Zenna und Castelveccana sowie herrliche Aussichtsberge für Wanderer um das Val Veddasca.

Der **Luganer See** gehört zwar nicht zu den saubersten Gewässern, und die Region um **Lugano** ist dicht besiedelt, aber die Landschaftskulisse, das angenehme Klima und das reiche kulturelle Angebot machen Stadt und See zu einem Urlaubsrefugium mit internationalem Ruf. Schicke Hotels, ein ausgezeichnetes gastronomisches Angebot, zwei Spielcasinos und ein abwechslungsreiches Umland tun ein Übriges. Das **Malcantone,** westlich von Lugano, ist ein beliebtes Ziel von Kulturwanderern, während das dicht besiedelte, industrialisierte **Mendrisiotto** im Süden zunächst nur wenig Reize zeigt, dem interessierten Besucher allerdings einige kulturelle Perlen bietet. Der eher beschauliche Ostarm des Luganer Sees ist von steilen Hängen umgeben. Vorwiegend Wanderer kommen dorthin, um die Bergwelt am Nordufer zu erklimmen.

Wie der Lago Maggiore zeigt auch der **Comer See** eine Dreiteilung: einen industrialisierten Süden um die Städte Como und Lecco, eine mondäne Seemitte mit mildem Klima und üppiger Vegetation und einen bodenständigen Norden, der sich an sportlich orientierte Erholungssuchende wendet. Das Westufer (v. a. der westliche der beiden Seearme) ist lohnender als der östliche Teil. Deshalb ist im Sommer hier einiges los, und auf den Uferstraßen staut sich der Verkehr. Im Süden des Westarms liegt das wohlhabende **Como** mit seiner sehenswerten Altstadt, architektonischen Besonderheiten, guten Einkaufsmöglichkeiten und hochpreisigem Hotelangebot. Der Westarm zählt zu den am stärksten verschmutzten Gewässern des Landes, weshalb

Prächtige Villa in Corenno Plinio am Nordostufer des Comer Sees

man dort auf ein Bad verzichten und sich auf die kulturellen Höhepunkte des folgenden Uferabschnittes mit noblen Villen und herrlichen Gärten konzentrieren kann. Vor allem zur Seemitte hin wird es zunehmend mondän: Der **Tremezzina** genannte Abschnitt zwischen Cadenabbia und Lenno hat das mildeste Klima und die üppigste Blütenpracht, was schon im 19. Jh. eine zahlungskräftige Klientel anlockte. Gleiches gilt für das gegenüberliegende Bellagio, das man am besten per Boot erreicht. Der Ort thront an der Spitze der – wenig interessanten – Halbinsel, die beide Seearme trennt. Der **Lago di Lecco** genannte Ostarm hat relativ wenig zu bieten, es sei denn, man zählt zu den erfahrenen Bergsteigern, denen die schroffe Bergwelt des Parco delle Grigne und des Resegone fast ausschließlich vorbehalten ist. Das Ostufer ist touristisch weniger bedeutsam, mit Ausnahme der Altstadt von Lecco, des hübschen Ortes Varenna und der Abtei von Piona. Der **Nordteil** des Sees bietet zahlreiche Campingplätze und Ferienwohnungen. Dort ist das Mekka der Surfer mit Domaso als Szenetreff. Dort, in Sorico und Gravedona locken lange, z. T. kinderfreundliche Badestrände, und im bergigen Hinterland tummeln sich Wanderer und Mountainbiker.

KLIMA & REISEZEIT

Das Tessin gilt als der »Sonnenbalkon der Schweiz«, denn die atlantischen Strömungen prallen an den Alpen ab, und südlich davon bestimmt mildes Mittelmeerklima das Wetter.

Bei oft wolkenlosem Himmel sorgt meist eine frische Brise für angenehme Temperaturen. Doch eine Schönwettergarantie gibt es weder am Lago Maggiore noch am Comer See. Vor allem im Frühjahr (Mai) und im Herbst (Sept./Okt.) muss man mit wolkenbruchartigen Niederschlägen rechnen. Der Wasserspiegel der Seen steigt dann mitunter bedrohlich an, und ganze Orte werden überflutet. Die Winter sind südlich der Alpen relativ mild, oft fällt das Thermometer nicht einmal unter null Grad. Das riesige Wasserreservoir der Seen sorgt für ein ausgeglichenes Klima, sowohl im Sommer als auch im Winter.

Die schönste Zeit für Reisen an die Oberitalienischen Seen ist der Frühling, wenn die Mimosen und Kamelien vor den schneebedeckten Berggipfeln blühen und das Schmelzwasser die Bäche in rauschende Flüsse verwandelt. Badefreunde kommen erst im Juni zum Zug – dann aber bis in den September hinein. Im Sommer, besonders während der italienischen Schulferien im Juli und August, können verstopfte Straßen sowie überfüllte Hotels und Campingplätze das Stimmungsbild trüben. Eine rechtzeitige Vorreservierung ist dann unbedingt angebracht.

Ruhiger und besinnlicher wird es wieder im Herbst, wenn die große Zeit der Pilze und Maronen beginnt. Auch wenn die Tage mitunter schon kühl werden, kann man noch in einem der Cafés sitzen und das geruhsame Treiben auf den Straßen beobachten. Auch Bergwanderer und -steiger können sich auf den Herbst freuen: In der klaren Luft hat man dann eine fantastische Fernsicht bis Mailand und auf die Viertausender der Alpenkette.

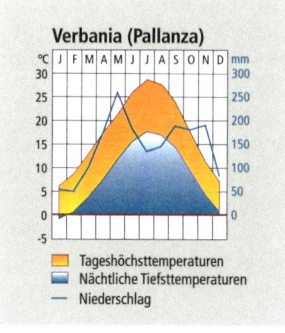

Im Winter gehören die Oberitalienischen Seen ganz den Einheimischen. Zu dieser Jahreszeit verirrt sich kaum ein Reisender dorthin, und die Tourismusbranche erholt sich von den Strapazen der Saison. Die leer gefegten Cafés sowie die geschlossenen Hotels und Restaurants verbreiten eine melancholische Stimmung, und die Gegend fällt in den Winterschlaf.

ANREISE

MIT DEM FLUGZEUG

Der Flughafen Lugano-Agno (www.luganoairport.ch; Shuttlebus nach Lugano Tel. 079 2214243, www.shuttle-bus.com) wird täglich von zahlreichen mitteleuropäischen Städten mit Zwischenstopp (Zürich bzw. Genf) bedient. Zu den Flughäfen Milano-Linate bzw. Milano-Malpensa (www.sea-aero portimilano.it) bestehen ebenfalls täglich mehrere Flugverbindungen.

Diverse Fluggesellschaften (u. a. Ryanair, Lufthansa, Laudamotion) bieten Direktflüge zwischen Berlin, Bremen, Köln-Bonn, Düsseldorf-Weeze, Frankfurt-Haan, Nürnberg oder München und dem Flughafen Bergamo-Orio al Serio an (www.milanbergamoairport.it; 40 km südöstl. von Lecco).

MIT DER BAHN

Die wichtigste und schnellste Bahnverbindung zwischen Deutschland, der Schweiz und der Lombardei ist die Gotthardlinie, die seit 2017 durch den neuen, 57 km langen Gotthard-Basistunnel verläuft. Zwischen Zürich und Bellinzona bzw. Lugano verkehren EC- und IC-Züge (Fahrzeit ca. 2¼ bzw. 2¾ Std.). Im Bereich von Lago Maggiore und Comer See bestehen folgende Bahnverbindungen: Locarno – Luino – Laveno – Sesto Calende; Simplon – Stresa – Sesto Calende; Laveno – Varese – Mailand; Como – Mailand; Como – Lecco; Mailand –Lecco – Colico.

MIT DEM AUTO

Die schnellsten Anfahrtswege sind die St.-Gotthard-Autobahn (durch den 16,3 km langen Scheiteltunnel) und die San-Bernardino-Route (durch einen 6,6 km langen Tunnel). Für die Benutzung der Autobahnen in der Schweiz ist eine Vignette nötig. Sie ist 14 Monate vom 1. Dez. bis zum 31. Jan. des übernächsten Jahres gültig und kostet 40 CHF/36,50 €.

Auch die italienischen *autostrade* sind gebührenpflichtig. Die Preise unterscheiden sich je nach Autobahnabschnitt, Mailand – Como kostete 2019 z. B. 4 € für Pkw. Welche Gebühren anfallen, können Sie unter www.auto strade.it ermitteln: Auf das orangefarbene Feld »Calcolo pedaggi« klicken, in den weißen Feldern »Partenza« und »Arrivo« Start und Ziel sowie im Feld darunter »Classe veicolo« die Fahrzeugklasse eingeben und der Tarif wird angezeigt. Schneller geht es an den Mautstationen in Italien mit einer Viacard (Guthabenkarte mit extra Durchfahrt), die vorab z. B. bei Automobilklubs gekauft werden kann.

Zahlreiche Tankstellen haben auf Geld- und Kreditkarten-Automaten umgestellt, in dezentraler Lage schließen viele früh am Abend und bieten dann Tankautomatservice. Auch wenn an unbedienten Tankstellen oft mit EC- oder Kreditkarte bezahlt werden kann, sollte man sicherheitshalber 10- oder 20-Franken-Scheine, für Italien 10-Euro-Scheine parat haben.

REISEN IN DER REGION

VERKEHRSREGELN

In der **Schweiz** beträgt die Geschwindigkeitbegrenzung 50 km/h innerorts, 80 km/h außerorts, 100 km/h auf Schnellstraßen und 120 km/h auf Autobahnen, für Fahrzeuge mit Anhänger außerorts generell 80 km/h. Die Promillegrenze liegt bei 0,5. Auf allen Straßen muss auch tagsüber ganzjährig mit Abblendlicht (oder Tagfahrleuchten) gefahren werden.

In **Italien** gilt Tempolimit 50 km/h innerorts, 90 km/h auf Landstraßen, 110 km/h auf Schnellstraßen und 130 km/h auf Autobahnen (bei Regen 110 km/h). Die Promillegrenze ist ebenfalls 0,5, bei Führerscheinbesitz unter drei Jahren 0,0. Außerhalb von Ortschaften muss grundsätzlich mit Abblendlicht gefahren werden. Das Mitführen einer griffbereiten Signalweste (Prüfzeichen EN 471) ist für Autofahrer vorgeschrieben. Sie muss bei Verlassen des Autos auf Autobahnen und Landstraßen getragen werden.

Geschwindigkeits- und Alkoholdelikte werden in beiden Ländern drastisch geahndet: Neben hohen Geldbußen kann z. B. in Italien ab 1,5 Promille das Kfz beschlagnahmt werden, in der Schweiz droht bei Tempolimit-Überschreitungen von über 20 km/h inner- bzw. 25 km/h außerorts mindestens ein Monat Fahrverbot.

»WIR KÖNNEN SO VIEL TUN«

Umweltschützer der Legambiente Varese bei einer ihrer Kampagnen

UMWELTSCHÜTZERIN VALENTINA MINAZZI

Mitte des vergangenen Jahrhunderts war die Welt noch in Ordnung in Mulini a Gurone. Die Menschen in dem kleinen Ort nahe des lebten vom und mit dem Fluss, an dessen Ufern ihre Vorfahren einst ihre Häuser errichtet hatten. Es gab eine Schmiede und eine Tischlerei, eine Baumwollspinnerei, ein Gasthaus und natürlich *i Mulini*, die Mühlen, denen der Ort seinen Namen verdankte. Hier wurde Mehl für Brot und Mehl für Polenta gemahlen. Doch dann forderte die voranschreitende Industrialisierung des italienischen Nordens ihren Tribut – Zementwerke leiteten Abwässer in den Fluss, das Leben am dem verschmutzten Gewässer wurde unerträglich. Nach und nach verließen die Bewohner den Ort, Mulini di Gurone wurde allmählich zur Geistersiedlung und verfiel.

Jetzt, Jahrzehnte später, erwacht die winzige Ortschaft in der Nähe von Varese allmählich zu neuem Leben. »Wir haben einen Prozess gewonnen, ein Unternehmen musste Entschädigung für die Verschmutzung zahlen und das Geld investieren wir nun in die Wiederbelebung von Mulini di Gurone«, sagt Valentina Minazzi von der Umweltorganisation Legambiente in Varese. »Wir haben einen Teil der Mühlen zurückgekauft und mit Hilfe vieler freiwilliger Helfer setzten wir sie nun instand.« Aus dem Gebäudekomplex soll in naher Zukunft ein Zentrum für Umweltkunde werden, erzählt Minazzi, die Vorsitzende des Legambiente-Ortsverbandes von Varese. Ein Gemüsegarten und ein Backofen, in dem – wie früher – für viele Haushalte gemeinschaftlich Brot gebacken wird, soll es im alten Mühlenort auch bald wieder geben. Eine Herberge für Fahrradtouristen ist ebenfalls geplant. An einem Radweg entlang des Flusses Olona, der einst zu den dreckigsten Flüssen Europas gehörte und der sich allmählich von den Umweltschäden erholt, wird gearbeitet. In wenigen Jahren soll er Mailand mit der Schweiz verbinden.

Solche Erfolge beflügeln Minazzi und zeigen ihr, dass sich das Engagement für die Umwelt lohnt. »Wir leben hier in einer wunderschönen Umgebung«, sagt die 42-jährige. »Aber diese Umgebung leidet darunter, dass sie so stark und von so vielen Menschen beansprucht wird.« Keine Frage, auch der Tourismus trägt zu dieser Beanspruchung bei. »Ich wünsche mir, dass viel mehr Leute ohne Auto kommen und bei uns Busse und Bahnen nutzen oder aufs Fahrrad steigen.« Gerade Urlauber könnten mit ihrem Interesse an nachhaltiger Mobilität Druck auf die Gemeinden rund um die Seen ausüben, eine entsprechende Infrastruktur auf- und auszubauen«, ist Minazzi überzeugt. Überhaupt könnten Touristen mit Umweltengagement einiges bewegen. »Wir organisieren mehrmals im Jahr Müllsammelaktionen in den Wäldern und freuen uns über jeden Helfer und jede Helferin.« In erster Linie aber haben Minazzi und ihre Mitstreiter junge Menschen aus aller Welt im Blick. Die laden sie zu Freiwilligen-Workshops nach Varese ein. Die italienischen Umweltaktivisten wollen ihnen vermitteln, wie sich aktive Bürger in ihren Kommunen für eine lebenswertere Umwelt einsetzten können. Minazzi hat das bereits als kleines Mädchen gelernt. Ihr Vater gehörte in den 1980er-Jahren zu den Mitbegründern der Legambiente von Varese und hat die Tochter zu unzähligen Aktionen mitgenommen. Irgendwie war der Weg dann vorgezeichnet, der sie erst zum Studium der Forstwirtschaft und dann wieder zurück zu den Umweltschützern geführt hat.

TIPP

Valentina Minazzi liebt Ausflüge zum Agriturismo Pian del Lares, einem bäuerlichen Anwesen, das kurz vor der Schweizer Grenze nahe des Ostufers des Lago Maggiore liegt. »Man kann dort ausgezeichnet essen und wunderbaren Bio-Käse kaufen«, sagt die Umweltschützerin. Der Ort liegt ihr besonders am Herzen, weil es zeigt, dass Neuanfänge möglich sind. In dem seinerzeit verwaisten Tal Pian del Lares haben sich in den 1980er-Jahren junge Großstadtmenschen niedergelassen, um ihren Traum von nachhaltiger Landwirtschaft zu verwirklichen. Mit viel Erfolg – bis heute.

Agriturismo Pian del Lares
- Via Petrolo 18
  21010 Maccagno con Pino e Veddasca
  Tel. 0332 558178 | www.piandulares.it

KONTAKT
Legambiente Varese Onlus
- Via Rainoldi 14 | Tel. 0332 231999
  www.legambienteva.blogspot.com

MIT DEM SCHIFF

Alle größeren Orte an den Seen sind mit Linien- oder Kreuzfahrtschiffen zu erreichen. Während der Wintermonate ist der Fahrplan ausgedünnt. Autofähren pendeln zwischen Intra und Laveno (Lago Maggiore) sowie Menaggio, Varenna und Bellagio (Comer See). Weitere Infos und Fahrpläne: www.navi gazionelaghi.it und www.lakelugano.ch. › mehr S. 19 Punkt **43**

MIT DEM BUS

Das gut ausgebaute Netz der gelben Postbusse in der Schweiz erschließt auch kleinste Täler und Ortschaften. Zu empfehlen ist eine Platzreservierung. Das ist auf jedem Postamt möglich. Weitere Informationen: www. postauto.ch. Auch in den italienischen Provinzen Como, Varese und Novara kommt man mit dem (blauen) Bus überall hin. Auskunft über Abfahrtsstellen und -zeiten erhält man bei den örtlichen Verkehrsvereinen.

SPORT & AKTIVITÄTEN

Ebenso vielfältig wie die Landschaft mit ihren Seen und Bergen ist auch das Angebot für Aktivurlauber äußerst abwechslungsreich – am, im und auf dem Wasser, in den Tälern und im Gebirge.

WASSERSPORT

Möglichkeiten zum Surfen und (Steh-)Paddeln, Tauchen, Segeln und Wasserskilaufen bieten sich im Sommer am Lago Maggiore, Luganer und Comer See. In den größeren Ferienorten findet man entsprechende Schulen. Treffpunkt der Wind- und Kitesurfer ist der nördliche Comer See und dort die Orte Domaso, Gera Lario und Colico.

FAHRRADFAHREN

An Wochenenden sind an den Seen zahllose *girini,* Radfahrer, unterwegs. Fahrräder *(biciclette)* kann man im Tessin an größeren Bahnhöfen mieten. Beschilderte Radwege gibt es dort u. a. zwischen Ascona und Bellinzona. Die **Ciclovia dei Laghi** führt über 310 km von Colico über Lecco nach Como und weiter um den Lago di Varese nach Ponte Tresa (www.bikeitalia.it/ciclo via-dei-laghi-in-lombardia).

Einfache Fahrradstrecken auf flachem Gelände bis hin zu anspruchsvollen Touren empfiehlt der Tourismusverband Ascona-Locarno auf seiner Website (www.ascona-locar no.com/de/Cosa-fare/Bike.html).

WANDERN

Das Hinterland der Seen eignet sich vorzüglich zum Wandern. Sowohl im Tessin als auch rund um den Comer See besteht ein gut markiertes Wegenetz mit einfachen bis alpinen Routen. Durch das Varesotto verläuft der Fernwanderweg **Via Verde**

Mountainbikerin auf komfortablem Terrain an der Promenade von Ascona

Varesina. Eine Wegbeschreibung der 10 Etappen ist bei www.varese landoftourism.com (Link »Trekking«) abrufbar, eine Karte halten die Touristinfobüros bereit.

KLETTERN
Ein Kletterdorado sind die Grigne nördlich von Lecco. Auch der Felsen bei Ponte Brolla im Valle Maggia ist ein beliebtes Kletterterrain.

CANYONING
In Bachbetten zu klettern, sich in Wasserfällen abzuseilen und in türkisfarbene Gumpen zu springen gilt als Trendsport im Tessin, dem Canyoning-Dorado der Schweiz. Bei **Swissraft**  C2 findet man Guides für leichte Einsteigertouren ebenso wie für Fortgeschrittene (Contrada Maggiore 40, 6616 Losone, Tel. 081 9115250, www.swissraft.ch).

GOLF
Das Gebiet ist wegen des milden Klimas und der großen Auswahl an Plätzen beliebt bei Golfern. Gastspieler benötigen einen Klubausweis mit eingetragener Platzerlaubnis. An Sonn- und Feiertagen wird häufig ein bestimmtes Handicap verlangt.

Als schönster Platz der Schweiz gilt der **Golf Club Patriziale** in Ascona. Es ist ein 18-Loch-Platz, der auf Handicap 30 limitiert ist. Landschaftlich besonders schön liegen die Plätze in **Grandola ed Uniti** und **Brovello-Carpugnino** › S. 77.

Golf Club Patriziale ▮ C2
• Via Lido 81 | 6612 Ascona
  Tel. 091 7851177 | www.golfascona.ch

Golfplatz Grandola ed Uniti [E 3
• Via del Golf 12 | 22010 Grandola ed Uniti
  Tel. 0344 32103 | www.menaggio.org

PARAGLIDING
Der **Club Volo Libero Ticino** ▮ D2 (6500 Bellinzona, Tel. 079 7150956, www.cvlt.ch) bietet unterschiedliche Kurse im Tessin an.

UNTERKUNFT

Ob in einer alten 17.-Jh.-Villa, in einer »casa rustica« oder auf dem Campingplatz: Sowohl das Tessin als auch die Lombardei und das Piemont bieten eine Fülle an Unterkünften unterschiedlicher Art und Preisklasse.

Luxusherbergen findet man vor allem auf der Schweizer Seite des Lago Maggiore, in der Gegend um Verbania, am Luganer See und in Como: Dort residiert man mitunter in fürstlichem Ambiente. Neben den 4- und 5-Sternehotels gibt es auch zahlreiche komfortable **Mittelklassehotels,** die oft mit Swimmingpool, Klimaanlage oder Satelliten-TV ausgestattet sind.

Kleinere Hotels im Familienbetrieb findet man vor allem am Ostufer des Lago Maggiore und in den Orten und Städten im Hinterland der Seen. Dort kann man auch in **Pensionen** übernachten oder ein Zimmer von Privatleuten mieten. Die Hotels, die abseits der Uferstraßen in den Bergen liegen, sind häufig weniger ausgebucht und bieten oftmals großartige Ausblicke.

Wer eine **Ferienwohnung** oder ein Haus mieten möchte, der findet ein vielfältiges Angebot von der einfachen *casa rustica* bis zur luxuriösen Villa. Adressen für *agriturismo* findet man z. B. unter www.agriturismo.it bzw. www.agriturismo.ch.

Campingplätze liegen meist direkt am Wasser und sind komfortabel ausgestattet. Am Ostufer des Lago Maggiore gibt es in Maccagno schöne Plätze, am Westufer kann man in Cannobio, bei Feriolo und Fondotoce gut campen. Am Comer See findet man gute Plätze zwischen Menaggio und Sorico sowie im Süden um Lecco. Und im Tessin bieten sich die Campingplätze in der Gegend um Tenero am Lago Maggiore und Agno am Luganer See an.

BESONDERE HOTELS

- Stehen Sie auf romantische Zimmer und traumhaften Seeblick zum Frühstück? Dann sind Sie im **Hotel Castello – Seeschloss Ascona** richtig. > S. 68
- Ein Prachtbau der Belle Époque: Das **Grand Hotel des Iles Borromees** in Stresa weckt nostalgische Gefühle. > S. 77
- Märchenhaft wohnt man in der maurisch inspirierten **Villa Crespi** in Orta San Giulio. > S. 80
- Individuell gestaltete Zimmer nach literarischen Werken bietet in Orta San Giulio das Designerhotel **Aracoeli.** > S. 81
- Wer Wert auf Baubiologie legt, der wird im **Hotel Sass da Grüm** bei Vira (s)einen Ort der Kraft finden. > S. 90
- Seit mehr als einem Jahrhundert zählt das **Grand Hotel Villa Serbelloni** in Bellagio international zu den renommiertesten Häusern am Comer See. > S. 134

Müßiggang unter Platanen an der Seepromenade von Ascona, Lago Maggiore

LAND & LEUTE

STECKBRIEF

- **Fläche:** 3500 km²
- **Seeflächen:** Lago Maggiore 212,5 km², Comer See 146 km2, Luganer See 49 km²
- **Tiefster See:** Comer See 425 m (tiefster Binnensee Europas)
- **Höchste Erhebung:** Monte Legnone 2609 m (Bergamasker Alpen, östlich des Comer Sees)
- **Größte Städte der Region:** Como (83 300 Einw.), Varese (80 700 Einw.), Lugano (68 700 Einw.), Lecco (48 000 Einw.), Verbania (31 000 Einw.), Locarno (16 000 Einw.)
- **Landesvorwahl:** 00 39 (Italien), 00 41 (Schweiz)

- **Währung:** Euro (€), Schweizer Franken (CHF)
- **Zeitzone:** MEZ, Sommerzeit +1 Std.

LAGE

Die regionale Eingrenzung der Seengruppe ist weder politisch noch phyisch-geografisch, sondern soziokulturell zu verstehen. In der Kunst und Architektur, auch in der dialektalen Ausprägung und den Menschen findet das Gebiet um den Lago Maggiore, den Comer See und Luganer See sowie den Ortasee im Westen bis hin zu den Gipfeln über der Valsassina im Osten, von Locarno im Norden bis zum Varesotto und zur Brianza im Süden seine Gemeinsamkeit.

Insgesamt umfasst das Gebiet etwa 3500 km². Rund vier Fünftel teilen sich die italienischen Provinzen Novara, Varese und Como, die zu den Regionen Lombardei und Piemont gehören. Der Rest ist Schweizer Territorium und gehört zum Kanton Tessin.

POLITIK & VERWALTUNG

Eine *Repubblica Padania* ist der Traum vieler Norditaliener, ersonnen hat diese wunderliche Republik die Lega Nord, eine separatistische Partei, die sich Ende der 1980er-Jahre um den charismatischen Führer Umberto Bossi gebildet hat, mit dem Ziel, sich vom subventionsbedürftigen Süden zu lösen und ein unabhängiges norditalienisches Padanien zu gründen. Zwischen 2001 und 2006 war die Lega Nord Koalitionspartner der zweiten Regierung Berlusconi. Nach der Niederlage bei den Parlamentswahlen 2006 und der Ablehnung eines Referendums zur politischen Stärkung der Regionen erteilte der Fraktionsvorsitzende Roberto Castelli dem Sezessionsgedanken offiziell eine Absage. Dennoch ist ein unabhängiger Staat Padanien nach wie vor eines der langfristigen Ziele der Lega Nord. Nach einem parteiinternen Finanzskandal 2012 musste Bossi den Hut nehmen. Ihm folgte Matteo Salvini ins Spitzenamt der Partei. Nach den Parlamentswahlen 2018 ging die Lega ein Regierungsbündnis mit der populistischen Fünf-Sterne-Bewegung ein. Salvini übernahm das Innenministerium und macht seither mit seinem radikalen Kurs gegen Migranten von sich Reden. Wenige Monate nach Amtsantritt bekam der Innenminister Probleme mit der Justiz. Der Vorwurf: Auch Salvini hat von zweckentfremdeten Parteigeldern profitiert. Ähnlich wie der einstige Regierungschef Berlusconi stilisiert sich auch der Mann der Lega Nord nunmehr als Opfer einer Willkür-Justiz.

Der Lega Nord nahe steht jenseits der Grenze im Schweizerischen Tessin die Lega dei Ticinesi, die bei den Wahlen 2015 im Kantonsparlament die zweitstärkste Partei nach den Liberalen geblieben ist.

In der Region Piemont regiert dagegen seit 2014 ein Mitte-Links-Bündnis, Präsident ist der Sozialdemokrat Sergio Chiamparino.

WIRTSCHAFT

Wenn auch Italien seit 2011 massiv unter der Euro-Schuldenkrise leidet, gilt die Lombardei zusammen mit dem Veneto nach wie vor als wirtschaftlicher Motor Italiens. Und so verwundert es nicht, dass auch die Alpenrandregion mit ihren Städten (Varese, Como, Lecco) stark von Industrie und Gewerbe geprägt ist. Am deutlichsten zeigt sich das in der Brianza (Möbelindustrie) und um Como, das traditionell zwar als Seidenmetropole gilt, sich in den letzten drei Jahrzehnten aber wie Varese zum Industriestandort entwickelt hat. Die Seidenfabrikation hatte auch in Lecco und in anderen Orten am Comer See Tradition; heute bestimmt vor allem die Eisen verarbeitende Industrie das Bild dieser Gegend. Ein wichtiger Wirtschaftszweig ist der Tourismus, im Tessin auch das Bankwesen.

Eine gesunde Alpwirtschaft wird noch in der Valsassina betrieben. Im Tessin kommt dem Weinbau einige Bedeutung zu, die Nachfrage nach Qualitäts-Merlots ist v. a. in der Schweiz stetig im Steigen begriffen.

DIE MENSCHEN

An den Oberitalienischen Seen leben Nord- und Süditaliener, italienisch sprechende Südschweizer, deutsch sprechende Nordschweizer und – in einigen Bergdörfern – eine lombardisch sprechende Minderheit. Ferner haben sich zahlreiche deutsche Klimaflüchtlinge angesiedelt. Die Mehrzahl von ihnen lebt im Tessin, wo sich eine Melange aus deutscher und italienischer Lebensart herausgebildet hat.

Noch heute gibt es in den Grenzdörfern klare Trennungen zwischen Lombarden und Zuzüglern aus dem Mezzogiorno. Sie kamen in die Grenzregion der norditalienischen Seen, weil sie dort in Italien wohnen, aber harte Franken verdienen konnten. Heute sind sie oft als Fremde unter den eigenen Landsleuten ausgegrenzt.

GESCHICHTE IM ÜBERBLICK

Seit der Frühgeschichte siedeln im fruchtbaren Land zwischen den Oberitalienischen Seen Hirten und Bauern.

Im 7. Jh. v. Chr. ziehen die Kelten, die rege Handelskontakte mit den Etruskern pflegten, nach Süden. Die friedliche Koexistenz beider Völker beendet die römische Expansion, die von Süden her das Land aufrollt.

286 Reichsreform unter Kaiser Diokletian; Mailand wird Hauptstadt des Westreichs.

569 Machtübernahme durch die Langobarden, die der Region ihren Namen geben: Lombardei.

774 Der vom Papst zu Hilfe gerufene Frankenkönig Karl der Große zerstört das Langobardenreich und annektiert es.

881–961 Die sogenannten Nationalkönige, die auch mit den Päpsten paktieren, reißen in Italien die Macht an sich.

961 Kaiser Otto der Große holt Italien ins Reich zurück.

1110–1126 Como, Cremona, Bergamo, Brescia und Mantua lösen sich aus der deutschen Vormundschaft und werden unabhängig.

1167 Konstitution der Lega Lombarda (Lombardische Liga): Die unabhängigen Städte verbünden sich gegen den deutschen Kaiser.

1176 Die Liga schlägt bei Legnano Kaiser Friedrich I. Barbarossa.

1450 Francesco Sforza übernimmt die Macht in Mailand; seine Familie herrscht bis 1535.

1496–1500 Das Tessin wird der Schweiz zugeschlagen.

1535 Das Herzogtum Mailand fällt an Spanien.

1706 Im Spanischen Erbfolgekrieg fällt das Herzogtum Mailand an Österreich.

1796 Napoleon schlägt die Österreicher und zieht in Mailand ein.

1801–1802 Konstitution der (Ersten) Republica Italiana mit dem Präsidenten Napoleon.

1814 Nach Napoleons Sturz werden im Wiener Kongress die Lombardei und Venetien Österreich zugesprochen.

1861 Wien muss die Lombardei an das 1861 gegründete Königreich Italien abgeben.

1919 Benito Mussolini gründet in Mailand die faschistischen Kampfbünde Fasci di Combattimento.

1922 Machtübernahme der Faschisten mit Mussolinis »Marsch auf Rom«.

1925 Locarno-Pakt zur europäischen Friedenssicherung.

1939–1945 Zweiter Weltkrieg. Mussolini wird am 28. April 1945 bei Lenno (Comer See) erschossen.

1946 Gründung der (Zweiten) Republik Italien am 2. Juni.

1994 Silvio Berlusconi wird erstmals italienischer Ministerpräsident, es folgen weitere Amtszeiten 2001–2006 und 2008–2011.

2011 Der ehemalige EU-Kommissar und Wirtschaftsprofessor Mario Monti bildet aufgrund der Euro-Schuldenkrise Italiens als neuer

Premier eine Regierung, die massive Sparmaßnahmen einleitet.

2016 Nach 23 Jahren Bauzeit wird am 1. Juni der 57,1 km lange Gotthard-Basistunnel zwischen Erstfeld (Uri) und Bodio (Tessin) eröffnet – ein wegweisendes Großprojekt für den Alpentransitverkehr.

2017 Nach einem gescheiterten Verfassungsreferendum in Italien tritt der seit 2014 amtierende demokratische Ministerpräsident Renzi im Dez. zurück.

2018 Nach den Neuwahlen geht eine Koalition aus rechtsextremer Lega und poulistischer 5-Sterne-Bewegung an den Start. Ministerpräsident wird der parteilose Giuseppe Conte, Lega-Chef Salvini wird Innenminister.

NATUR & UMWELT

Die großen Seen am Alpenrand sind die Hinterlassenschaft mächtiger Gletscherströme, die im Alpenvorland ausgedehnte Moränenlandschaften (Varesotto, Brianza) hinterlassen haben.

Die beiden wichtigsten Flüsse der Region sind die Adda, die unweit des Stilfser Jochs an der Grenze zu Graubünden entspringt, und der Ticino (Tessin), dessen Quellgebiet sich am Nufenenpass befindet. Sie durchlaufen den Comer See bzw. den Lago Maggiore und münden bei Cremona bzw. Pavia in den größten italienischen Fluss, den Po. Bereits im Januar, wenn jenseits der Alpen der hohe Winter alles unter einer Schneedecke versteckt, blühen an den norditalienischen Seen die Christrosen, der Winterjasmin und der

Blütenpracht an den Uferhängen des Lago Maggiore

Lorbeerschneeball. Im Februar leuchten die Mimosen und Forsythien in goldgelber Pracht. Und im März folgen dann schon Kamelien, Magnolien, Oleander, Ginster und Pfirsichbäume, daneben Agaven, Zypressen und Palmen. Subtropische und alpine Pflanzen wachsen in enger Nachbarschaft, vor allem das Kalkmassiv der Grigne hat eine artenreiche Flora. In den dichten Laubwäldern findet man neben der Buche vor allem die Edelkastanie *(Castanea sativa),* die in dem feucht-warmen Klima besonders gut gedeiht.

Vielfältig ist auch die Tierwelt: Neben typischer Alpenfauna gibt es zahlreiche Wasservögel und diverse Reptilien wie Mauereidechsen und die farbenprächtigen Smaragdeidechsen. Seltener und in kleinerer Zahl kommen Schlangen vor, darunter verschiedene harmlose Natternarten wie die Äskulapnatter, aber auch zwei giftige Spezies, die Kreuzotter und die Aspisviper.

KUNST & KULTUR

In den historischen Orten der Oberitalienischen und Tessiner Seenregion findet man zahlreiche Zeugnisse aus Kunst und Kultur von der Romanik bis zum Klassizismus. Aushängeschilder sind die prächtigen historischen Villen und Paläste, eingebettet in schöne Garten- und Parkanlagen.

ARCHITEKTUR

Die oberitalienischen Baumeister, Bildhauer und Steinmetze erlangten in dem Material, mit dem die Menschen in ihrer Bergheimat von früh an vertraut waren, auch ihre größte Meisterschaft: dem Stein. Handwerk und Formempfinden wurden von Generation zu Generation in der Familie weitergegeben. Ein Beleg für die jahrhundertelange tiefe Verwurzelung dieser einzigartig begabten Bauleute am Alpensüdrand ist das Baptisterium aus dem 5. Jh. in Riva San Vitale › S. 113, der älteste Sakralbau der Schweiz. Die Taufkirche, die an der Schwelle **Spätantike/Frühmittelalter** entstand, weist sowohl byzantinische als auch provenzalische Stilmerkmale auf.

In **langobardischer bzw. präromanischer Zeit** entstanden das Oratorio San Benedetto, die Kirche San Pietro al Monte von Civate › S. 144 und Santa Maria foris portas bei Castelseprio › S. 97. Die Datierungen dieser Gebäude schwanken zwischen dem 7. Jh. und dem frühen 11. Jh. Die Langobarden waren Meister des Ornaments, vor allem des Flechtbands, das in dynamischer Rhythmik ihre Bauten verzierte.

Der **romanische Kunststil** (11./12. Jh.), verbunden mit den Hauptwerken der *Maestri Comacini,* erlebte eine erste Blütezeit am Flusslauf des Tessin und an den insubrischen Seen. Die weit verbreiteten romanischen *campanili,* Kirchtürme, setzen mit ihrer schlanken Gestalt, dem charakteristischen Rundbogenfries und den Pyramidendächern im Stadt- und

Landschaftsbild architektonische Akzente. Ab dem **Hochmittelalter,** im 12.≈und 13. Jh. waren es dann lombardische Baumeister, die *Maestri Comacini,* die Spuren ihrer einzigartigen Kunst in ganz Europa hinterlassen haben › unten.

Weniger bedeutsam als die Romanik war die **Gotik** (13./14. Jh.) für das Gebiet der Oberitalienischen Seen, sieht man von vereinzelten Fresken in Como (Sant'Abbondio) › **S. 124** und Varese (Baptisterium neben San Vittore) › **S. 91** ab. Im Allgemeinen fehlte am Alpenrand jedoch das höfisch-ritterliche Element, von dem die Gotik ihren Ausgang nahm. Für das Tessin wurde zu dieser Zeit vor allem die italienische Trecento-Malerei bedeutsam, die in ihrem Wesen weniger gotische als protorenaissancehafte Züge aufweist. Die Kirche Santa Maria Assunta in Brione › **S. 65** im Val Verzasca ist mit besonders schönen Fresken der Giotto-Schule ausgeschmückt.

Die **Renaissance** (15./16. Jh.), deren Kunstideal sich im 16. Jh. ausgehend von der Toskana in Mailand durchsetzte, erfasste auch die oberitalie-

---

💬 MEISTER DES STEINS: DIE MAESTRI COMACINI

Die Spuren der berühmten *Maestri Comacini* – Steinmetze, Baumeister und Bildhauer aus der Lombardei – lassen sich in der romanischen Epoche durch ganz Italien, im 12. und 13. Jh. dann durch ganz Europa, ja sogar bis nach Russland verfolgen. In Frankreich hat sich das Wort für Steinmetz, *maçon,* von ihrem Namen abgeleitet. In einem Edikt des Langobardenkönigs Rothari werden die Bauhandwerker im Jahre 643 als *Magistri Cummacini* erwähnt. Man hat in ihnen Meister aus der Diözese Como sehen wollen, doch ihr Name leitet sich aller Wahrscheinlichkeit nach von dem lateinischen *Magistri cum machinis* ab. Mitunter bezeichnet man die Steinmetze aber auch als *Comasken* – Reverenz an die Stadt, aus der sie stammten. Die Maestri arbeiteten schulbildend in Oberitalien – eines ihrer schönsten Werke ist der Dom von Como. Auch beim Dom zu Speyer lässt sich beispielsweise ihre Handschrift erkennen. Und beim ältesten noch erhaltenen profanen Steinbau in Deutschland, der Königshalle in Lorsch aus der Zeit um 772, hat man als Maßeinheit den langobardischen Fuß (*piede liprando,* 43 cm) festgestellt, der in Oberitalien noch bis Anfang des 19. Jhs. in Gebrauch war. Ein frühes Zentrum der langobardischen Steinmetze war die Insel San Giulio im Ortasee. In der dort errichteten Basilika, deren Bausubstanz aus romanischer Zeit aufgrund vieler Umbauten kaum noch zu erkennen ist, zeigt die alles dominierende Kanzel aus schwarzem Marmor in eindrucksvoller Weise die Handschrift der *Maestri Comacini*. Die Spuren ihrer Schule setzen sich auch noch in Renaissance und Barock fort: So stammen etwa die im päpstlichen Rom tätigen Architekten Domenico Fontana (1543–1607), Francesco Borromini (1599–1667) und Carlo Maderno (1556–1629) aus Comasker bzw. Tessiner Steinmetzfamilien.

nische Seenlandschaft. Leonardo da Vinci und Bramante waren die beiden großen Künstler, die der Renaissance in der Lombardei zur Blüte verhalfen, ihre Schüler führten den Geist der Hochrenaissance in zahlreichen Kunst- und Bauwerken weiter. Bedeutende Beispiele der Renaissancearchitektur sind Fassade und Kleeblattchor des Doms von Como › S. 122, der Palazzo del Comune in Orta San Giulio › S. 80 sowie das Stadtbild von Castiglione Olona › S. 96, das der kunstsinnige Kardinal Branda Castiglione (1350 bis 1443) in der ersten Hälfte des 15. Jhs. nach Florentiner Vorbild umgestalten ließ. Auch romanische und gotische Landkirchen und Rathäuser gestaltete man in der Renaissance und im Barock um. Bedeutendstes Beispiel ist die kulissenhafte Renaissancefassade der romanisch-gotischen Kathedrale San Lorenzo › S. 104 in Lugano. Selbst die **Villenkultur** ist ein Phänomen der Renaissance, in der man die Natur wiederentdeckte und dem Ideal von Naturnähe gepaart mit Komfort nachhing.

In **Barock** und **Rokoko** (17./18. Jh.) begaben sich Stuckateure aus dem Intelvi-Tal über die Landesgrenzen hinaus auf Wanderschaft und setzten die Tradition der *Maestri Comacini* › S. 39 fort. Die bekanntesten Familien sind die Barberini und die Carlone. Bis zum Ende des 19. Jhs. waren sie als Maler, Bildhauer und Baumeister in ganz Europa tätig. Der Barock ist in Varese mit dem Palazzo Estense › S. 92 vertreten. Ein Gesamtkunstwerk dieser Epoche ist die Isola Bella mit Palast und terrassenförmig angelegtem Park › S. 78.

In **klassizistischem Stil** wurden die Villa dell'Olmo › S. 126 und der Palazzo Olginati in Como errichtet. Im 19. Jh. wird Mailands Führungsrolle immer ausgeprägter. Für das Hinterland fällt im *Risorgimento*, der nationalen Einigungsbewegung, wenig ab. Im Königreich (ab 1861) erhielt Varese immerhin das Grand

INTERESSANTE VILLEN

- Die **Villa Panza** in Varese beeindruckt heute durch die Installationen moderner Künstler. › S. 93
- In der **Villa della Porta Bozzolo** im Valcúvia hat man den Eindruck, die Bewohner hätten das historische Anwesen gerade erst verlassen. › S. 96
- Vom letzten Bewohner, dem Abenteurer Guido Monzino, stammt die Einrichtung der **Villa del Balbianello** in Lenno – inklusive exotischer Artefakte von dessen Expeditionen. › S. 131
- Die kostbar ausgestatteten Räume der **Villa Carlotta** in Tremezzo fügen sich mit den umgebenden Terrassengärten zu einem Gesamtkunstwerk. › S. 132
- Ursprünglich geht die **Villa Monastero** am Comer See auf ein Zisterzienserkloster aus dem 13. Jh. zurück. › S. 139
- In der historischen **Villa Cipressi** in Varenna lässt es sich zu einem annehmbaren Preis stilvoll übernachten. › S. 141

Hotel Tre Croci (1908–12) des Architekten Giuseppe Sommaruga, ein schönes Jugendstilhotel auf dem Campo dei Fiori.

Im 20. Jh. breitete sich in der Mussolini-Zeit (ab 1922) neben dem pompösen Stil des Faschismus auch eine moderne Sachlichkeit aus, der Como das Novocomum > S. 125, den Palazzo Terragni > S. 122 (ehemals Casa del Fascio) und den Kindergarten Sant'Elia verdankt. Das Zentrum von Lecco wurde 1937 von Mario Cereghini dementsprechend umgestaltet.

Im Tessin findet man **zeitgenössische Architektur,** die den landesüblichen Bruchstein, den Gneis und Granit, neu zur Geltung bringt. Revolutionär ist der Schweizer Architekt Mario Botta (*1943), so z. B. bei seiner am Monte Tamaro errichteten Cappella Santa Maria degli Angeli > S. 89. Bottas Wohnhäuser erinnern an Höhlenbauten, er selbst nennt sie *caverne magiche.* Sie basieren auf einer strengen Symmetrie und geometrischen Grundformen. Diese Gestaltungselemente sind auch bei den Stationen der Seilbahn zur Cardada > S. 64 bei Locarno und dem 2017 fertiggestellten Gipfelrestaurant Fiore di Pietra auf dem Monte Generoso > S. 113, über dem Lago di Lugano, zu sehen. Eher umstritten ist Bottas Kasino in Campione d'Italia > S. 112, dessen Monumentalität den Rahmen des Ortes sprengt.

MALEREI & PLASTIK

Im Gebiet der Oberitalienischen Seen haben auch berühmte Maler ihre Spuren hinterlassen. Zu ihnen gehörte Giotto (1267–1337), der als als Wegbereiter der italienischen Renaissance-Malerei gilt, vor allem der toskanischen Renaissance-Freskomalerei, und durch die Einführung der Dreidimensionalität besonders natürlich wirkende Figuren schuf. Bernardino Luini (um 1485–1532) wurde in der Nähe des Lago Maggiore geboren und arbeitete als (Fresken-)Maler in der Lombardei. Sein Werk ist geprägt von Raffael und Leonardo da Vinci und zeigt häufig liebliche Madonnen. Nahezu zeitgleich lebte und wirkte Bartolomeo Suardi (um 1455 bis vor 1536) als Architekt und Maler. Aus seiner Zeit als Assistent Donato Bramantes, des Begründers der Architektur der italienischen Hochrenaissance und Baumeister in Mailand, stammt sein Beiname Bramantino (kleiner Bramante). Als Maler stand Bramantino dagegen unter dem Einfluss von Leonardo da Vinci. In späterer Zeit wirkten Marianne von Werefkin (1860–1938) als Vertreterin der expressionistischen und Antonio Calderara (1903–1978) als Vertreter der modernen italienischen Malerei an den Seen.

In der Region lebten und arbeiteten auch zwei namhafte Bildhauer: Vincenzo Vela (1820–1891), einer der bedeutendsten Meister seines Fachs im 19. Jh., und der in Verbania geborene und international tätige Paul Troubetzkoy (1866–1938), dessen wichtigstes Werk die Reiterstatue von Zar Alexander III. in Sankt Petersburg darstellt. Vela ist ein Musum gewidmet: Das Museo Vela befindet sich im Dorf Ligornetto > S. 116 im südlichsten Zipfel des Tessins.

DICHTER, DENKER & KÜNSTLER IM TESSIN

Die berühmte *Via delle genti*, die Straße der Völker über den St.-Gotthard-Pass, führt ins Tessin. Heute bringt sie das ganze Jahr über Millionen von Touristen auf den »Sonnenbalkon der Schweiz«. Doch die Menschen kamen nicht immer als Sonnenhungrige hierher, sondern auch als Verbannte, Dissidenten und Verfolgte. Als im 19. Jh. in ganz Europa die Reaktion mit Schlagstock und Zellenschlüssel jeden kritischen Geist zum Verstummen brachte, entwickelte sich das Tessin mit seiner freiheitlichen und republikanischen Gesinnung zu einer Insel der Kultur und des Fortschritts in Europa. Politisch Verfolgte aus allen Teilen des Kontinents fanden hier Asyl – von Giuseppe Mazzini, dem radikalen italienischen Kämpfer für die Einheit Italiens und Gegner Cavours, bis Carlo Cattaneo, dem italienischen Publizisten und Antimonarchisten. Ihnen folgten im Laufe des 20. Jhs. der Schrift-

💬 VEGETARIER UND NUDISTEN AUF DEM MONTE VERITÀ

»Wir essen Salat, ja wir essen Salat und essen Gemüse von früh bis spät. Auch Früchte gehören zu unserer Diät. Was sonst noch wächst, wird alles verschmäht. Wir essen Salat, ja wir essen Salat ...«, bedichtete Erich Mühsam in einem Lied nicht ganz ohne bissige Ironie die Bewohner des Monte Verità. Auf dem »Berg der Wahrheit« bei Ascona hatte sich um 1900 eine seltsame Kommune eingefunden, die dem Antwerpener Industriellensohn Henri Oedenkoven und seiner Freundin Ida Hoffmann gefolgt war. Oedenkoven kam 1899 nach Ascona auf der Suche nach einem naturverbundenen Leben. Der Berg am Westrand des kleinen Fischerortes schien ihm dafür geradezu ideal. Er benannte ihn nach der Wahrheit, denn die Natur bedeutete ihm dasselbe. Auf dem Monte Verità warb Oedenkoven fortan für eine neue alternative Lebensform, die des »Vegetabilismus«. Anhänger, getrieben von der klassischen Sehnsucht nach dem Süden und nach der Natur, ließen nicht lange auf sich warten und kamen aus ganz Nordeuropa. Schnell entwickelte sich der Monte Verità zu einer »ethisch-sozial-vegetarisch-kommunistischen Siedlung« (Erich Mühsam), in der man hart arbeiten musste. Dem Berg schrieb man indes magnetische Kräfte zu, wobei Wissenschaftler nach dem Zweiten Weltkrieg tatsächlich eine magnetische Anomalie feststellten, die sich aus einer Serie von Gesteinszonen ergibt. Seine magnetischen Kräfte wirkten jedenfalls auf ganz Europa, und schließlich kamen so viele, dass man Eintrittsgelder erhob. Unter ihnen waren zahlreiche Neugierige, zu denen es sich herumgesprochen hatte, dass Frauen und Männer im Evas- oder Adamskostüm auf dem Monte Verità arbeiteten und es auch sonst mit der Moral nicht so genau nahmen. Flüsterpropaganda solcher Art machte Ascona schließlich weltberühmt, die Lebensgemeinschaft am Monte Verità aber zerbrach 1909, als das große Geschäft begann.

steller Hermann Hesse, der sein Refugium in Montagnola fand, der Schauspieler Stefan George, der eine alte Mühle in Minusio bezog, und der Maler Paul Klee, der in Muralto lebte. Bereits 1904 hatte sich der Anarchist und Schriftsteller Erich Mühsam vor der preußischen Polizei nach Ascona gerettet – einige Jahre später folgte ihm sein russischer Geistesverwandter Fürst Pjotr Kropotkin. Die Malerin Marianne von Werefkin, die mit Alexej Jawlensky gekommen war, ist zu dieser Zeit längst als *nonna di Ascona*, Großmutter von Ascona, bekannt gewesen.

FESTE & VERANSTALTUNGEN

Vom traditionellen Dorffest bis zum weltbekannten Locarno-Filmfestival bietet die Region rund ums Jahr ein vielfältiges Programm.

VERANSTALTUNGSKALENDER

Februar/März: Carnevale feiert man in Lugano und Ascona mit Risottoessen, viel Musik und Tanz.
April: Bei der Blumenschau **Orta Fiori** verwandelt ein Blütenmeer Orta San Giulio in einen Garten Eden.
Gründonnerstag, Karfreitag: Passions-Prozessionen: An den beiden Tagen vor Ostern ziehen die Gläubigen in prachtvollen Prozessionen durch Mendrisio.
Mai: Beim **Concorso d'Eleganza** im Park der vornehmen Villa d'Este in Cernobbio geben sich die weltweit schönsten Autos vergangener Epochen ein Stelldichein.
Ende Mai: Der **Palio di Mendrisio** amüsiert mit Eselrennen und anderen Wettkämpfen.

Beim renommierten Filmfestival in Locarno auf der Piazza Grande

GRATIS ERLEBEN

- **Kamelienblüte:** Wenn im März die Kamelien blühen, öffnen rund um **Verbania** am Lago Maggiore Gärten und Parks ihre Tore, Besucher können die Blütenpracht gratis erleben (Auskünfte bei der Touristinfo). > S. 72
- **Archäologische Schätze:** Fundstücke, die vom Leben vergangener Epochen erzählen – von der Bronzezeit bis zur Renaissance – zeigt das **Museo Civico Archeologico** in **Arona,** der Eintritt ist frei. Und auch das Ausgrabungsgelände von **Castelseprio** mit den Resten einer Burg kann man gratis erkunden. > S. 82, 97
- Baden am **Lido von Magadino:** Der öffentliche Strand mit der gepflegten Rasenliegefläche am Lago Maggiore hat Umkleiden, Duschen und wird von Rettungsschwimmern überwacht. > S. 90
- Laue Sommerabende und dazu Jazzklänge live und open Air – das kann man in Lugano gratis haben: Beim **Estival Jazz** (www.estivaljazz.ch) wird für viele Konzerte auf der Piazza Riforma kein Eintritt verlangt. > S. 105
- Sightseeing in Como: Auf den Spuren des Physikers **Alessandro Volta** kann man die Altstadt dank eines ausgeschilderten **Rundweges** entdecken. So gibt es naturwissenschaftliche Bildung zum Nulltarif (Informationen im Tourismusbüro). > S. 125

Juni: Festival Cusiano di Musica Antica: Musik vom Mittelalter bis zum Barock ist in der Casa Tallone auf der Insel San Giulio (Lago d'Orta) zu hören.
Ende Juni: Sagra di San Giovanni: Großes Fest mit Tanz und Feuerwerk auf der Isola Comacina.
Ende Juni/Anfang Juli: Lugano Estival Jazz: Die Größen des Jazz treffen sich auf der Piazza della Riforma in Lugano sowie in Mendrisio zu Konzerten, der Eintritt ist frei Eintritt. **Jazz Ascona:** Traditioneller und klassischer Jazz an der Seepromenade von Ascona.
Juli: Knapp zwei Wochen lang finden beim Festival **Moon and Stars** Open-Air-Rock- und Popkonzerte auf der Piazza Grande von Locarno statt.
Juli bis September: Sommerabendmärkte am Lago di Como: bei Mondschein bummeln,schauen, kaufen, in Lecco, Menaggio, Gravedona und anderen Gemeinden. **Settimane Musicali Stresa e del Lago Maggiore:** Musikalische Wochen rund um den südlichen Lago Maggiore mit Symphonie- und Kammerorchestern sowie Solisten aus aller Welt.
1. August: Schweizer Nationalfeiertag mit Programm und Feuerwerken u. a. in Lugano und Ascona.
August: Festival del film Locarno: Beim Internationalen Filmfestival werden auf der Piazza Grande die wichtigsten Filme junger Filmemacher gezeigt. Der beste Streifen wird mit dem Goldenen Leoparden ausgezeichnet.
Oktober: Castagnate (Kastanienfeste) in vielen Orten, etwa in Gambarogno, Ascona, Ronco sopra Ascona oder in Brissago.
September–November: Feste della Vendemmia: Feuchtfröhliche Winzerfeste in den Weinbauregionen des Piemont, der Lombardei und des Tessins.

ESSEN & TRINKEN

Von deftigen Polentagerichten in den urigen Grotti der Alpentäler bis zum raffinierten Fisch in Gourmetrestaurants an Seepromenaden ist das kulinarische Angebot an den Oberitalienischen Seen äußerst vielfältig.

REGIONALE SPEZIALITÄTEN

Die Westseite des Lago Maggiore gehört bereits zum Piemont. Und wer denkt da nicht an Trüffel und Barolo? Natürlich gibt es auch regionale Spezialitäten. Am Ortasee ist der *tapulon* heimisch, gehacktes Eselfleisch, das mit Wirsing in Rotwein gedünstet wird. Ebenso herzhaft wie raffiniert schmeckt die *trotella alla Savoia,* geschmorte Forelle auf Champignons. Im Schweizer Tessin sind die kulturellen Bindungen zur lombardischen Nachbarschaft ebenso alt wie selbstverständlich. Und weil sich Kultur auch in der Kochkunst zeigt, ist die Tessiner Küche vor allem lombardisch beeinflusst. Man lernt sie jedoch am wenigsten in gehobenen Hotels kennen, wo man sich oft um Internationalität bemüht.

Zu weltweiten Gaumenehren hat es der *ossobuco,* eine in Weißwein und Brühe geschmorte Scheibe aus der Kalbshaxe, gebracht, ebenso der *risotto alla milanese,* speziell zubereiteter Reis der Sorte Arborio, der durch seine hellgelbe (Safran-)Farbe unverkennbar ist. Und die *costoletta alla milanese,*

Risotto gibt es in vielen Variationen – hier macht geschmortes Gemüse den Geschmack

POLENTA, KÄSE & WEIN IM FELSENKELLER

Tessiner Grotto oberhalb von Locarno am Lago Maggiore

VOM LAGERRAUM ZUM GASTROTREFF

Hinter den lieblichen Seeufern erstreckt sich im Norden der Oberitalienischen Seen eine alpin-rustikale Gegend, in der sich die Häuser aus Gneis eng aneinanderschmiegen. Die Dörfer hängen gleich Schwalbennestern auf Sonnenterrassen über den Seen wie perfekte Inszenierungen ländlicher Idyllen. Vor allem das Tessin ist reich an ursprünglichen Dorfgemeinschaften, deren gesellschaftlichen Mittelpunkt der sogenannte Grotto bildet.

Ursprünglich diente der im ganzen Tessin sowie in der nördlichen Lombardei verbreitete *grotto* (ital. auch *crotto*, lombardisch *crott*) als einfacher Lagerraum für Wein, Milchprodukte, Fleisch und Salami. Dafür boten sich natürliche, dunkle Felsenhöhlen in schattiger Lage an. Waren sie groß genug, wurden sie vorn zugemauert und mit Fenster und Tür versehen. Im Laufe der Zeit entwickelten sich die Grotti indes immer mehr zu Orten der Geselligkeit, in denen man direkt an der Quelle rustikaler Köstlichkeiten saß – und das vor allem in heißen Sommermonaten in angenehmer Kühle.

Was die Grotti so attraktiv macht, ist nicht zuletzt auch das Ambiente vor den Höhlen. Man sitzt unter den weit ausladenden Blätterdächern von Kastanien, Platanen und Akazien an langen Steinbänken beim Abendbrot und genießt das, was auch bei den Bergbauern in den umliegenden Häusern auf den Tisch kommt: Salami, Käse, Brot, Polenta und je nach Jahreszeit Fleisch, Pilze und Minestrone. Dazu trinkt man einen kräftigen Merlot. An heißen Sommertagen mischen die Einheimischen den Wein mit einem Schuss Zitronenlimonade in eine *ciciarada*, die nicht so schnell zu Kopf steigt.

JET-SET-GROTTO

In Asconas Vorort Losone treffen sich internationale Stars, lokale Politgrößen und die Einwohner des kleinen Ortes auf ein Gläschen Merlot allabendlich bei **Raffael,** einem der beliebtesten Grotti in der Gegend. Die Stimmung in dem Gartenlokal ist ausgelassen, und an lauen Sommerabenden lässt sich schon mal ein Tessiner zu einem Liedchen hinreißen – und garniert die Tafelfreuden mit fröhlichem Gesang.

- **Grotto Raffael** C2
  Vicolo Canaa 21 | 6616 Losone
  Tel. 091 7911529
  www.grottoraffael.ch

GROTTI AM LAGO DI LUGANO

Am Nordostarm des Luganer Sees liegen gegenüber dem malerischen Ort Gandria mehrere Felsenkeller am Fuß des bewaldeten Monte Caprina, die man nur per Schiff von Gandria aus erreicht. Bis heute wird hier Wein gelagert Empfehlung: der **Grotto Teresa.**

Im Valle Verzasca haben viele Grotti den Modernisierungswahn überlebt. Einer der schönsten unter den urigen Grotti ist der stimmungsvolle **Grotto Redorta,** in dem es Köstlichkeiten wie Kastanien und frischen Kräuterkäse gibt.

Im wildromantischen Valle di Muggio bei Mendrisio findet man in dem kleinen Ort Caneggio den **Grotto del Tiro.** In dem besonders urigen Lokal sollte man unbedingt *formaggino* kosten. Das ist ein kleiner, einfacher Ziegenfrischkäse, den die Bauern des Tals seit Jahrhunderten in unveränderter Weise herstellen – eine wahre Köstlichkeit!

- **Grotto Teresa** D3
  Cantine di Gandria
  6978 Gandria | Tel. 091 9235895
- **Grotto Redorta** C1
  6637 Sonogno | Tel. 091 7461334
  www.grottoredorta.ch
- **Grotto del Tiro** D4
  6837 Caneggio | Tel. 091 6841830

GROTTO-INFOS

Kommentierte Adressen von Grotti und Restaurants im Tessin findet man unter www.ticino-gastronomico.ch, www.tessin.ch sowie www.mendrisiotourism.ch. Zudem empfiehlt sich der Restaurantführer **Guida Grotti e Osterie del Ticino e Mesolcina** von Yor Milano (deutsch/ital./franz.; Verlag Armando Dadò) mit Beschreibungen, Adressen und Informationen zu fast 100 Lokalen. Bei den Tessiner Tourismusbüros bekommt man gratis den Grotto-Führer **Ristoranti – Grotti – Bar – Night Club** für den Lago Maggiore und die Täler des Hinterlandes.

in einer Mailänder Speisekarte von 1134 als *lombolos cum panitio* erwähnt, wurde im 19. Jh. vom österreichischen Feldmarschall Radetzky hier entdeckt und anschließend in der Hauptstadt der k.-u.-k.-Monarchie als Wiener Schnitzel eingeführt. Im Varesotto bereitet man die *faraona alla Valcuvia* zu, Perlhuhn nach Art der Valcúvia, das früher in einer Hülle aus weichem Ton gebacken wurde. Wem es nach typisch lombardischer Hausmannskost verlangt, dem sei die deftige *cazzoeula* empfohlen, ein Eintopf aus Schweinefleisch und Wirsing.

Fisch spielt in der Küche der Seenregion mit ihren zahlreichen Flüssen natürlich eine große Rolle. *Anguilla del pescatore* (Aal nach Fischerart), *lavarelli al vino bianco* (Felchen in Weißwein), *pesce in gelatina* (Fisch in Aspik) und *zuppa di pesce alla tremezzina* (Fischsuppe) sind nur einige der Spezialitäten. Ein Gericht vom Comer See ist die *curadura*, gesalzene, getrocknete und im Holzfass gepresste Alsen samt Innereien.

Süßer lombardischer Ausklang eines Mahles ist der Mailänder *panettone*, ein luftiger Napfkuchen aus Hefeteig. Aus der Provinz Varese kommen die *giromette*, das sind Gebäckstücke in Form von Tiergestalten.

KLEINE KÄSEKUNDE

Ein Stück *gorgonzola* oder *bel paese* darf nach keinem Mahl fehlen. Zu den beliebtesten lombardischen Sorten zählen neben den beiden erwähnten *parmigiano* und *grana* (Parmesan), der *stracchino* und der Frischkäse *mascarpone*, wichtige Zutat der Süßspeise *tiramisù*. Eine Spezialität ist der Tessiner *formaggino*, aus Schaf- oder Ziegenmilch hergestellter Frischkäse, der mit Öl und scharfem Paprika gegessen wird.

Aus Ziegenmilch bereiten auch die lombardischen Dorfbewohner einen köstlichen Frischkäse, der gut mit Honig schmeckt. Aus der Valsassina stammt der Frischkäse *robiola*, die weichen *gaprini* kommen aus der Brianza.

GOURMETRESTAURANTS

- Die **Locanda Barbarossa** in Ascona lockt als ausgezeichnetes Feinschmeckerrestaurant mit schönem Innenhof. › S. 68
- Im Restaurant **Ecco** in Ascona kredenzt der innovative Küchenchef moderne Gerichte der Molekulargastronomie. › S. 69
- Das Restaurant der **Villa Crespi** in Orta San Giulio serviert delikate Meeresfrüchte in einem romantischen Ambiente aus Tausendundeiner Nacht. › S. 80
- Authentische Tessiner Küche, aber dennoch raffiniert komponiert, genießt der Gast im **Al Portone** in Lugano. › S. 105
- **Santabbondio** in Lugano ist das höchstdekorierte Restaurant der Tessiner Gastronomie. › S. 106
- Wissenschaft und höchste Kochkunst vereinen sich in Bellagio im **Ristorante Mistral**. › S. 135

ROTE WEINE

Die Lombardei gehört zu den besten Weinanbaugebieten Italiens und liefert vor allem erstklassige Rotweine. Im Veltlin keltern die Bauern aus der Nebbiolo-Traube die klassischen Rotweine Grumello und Inferno, es gibt aber auch Rosés und Weißweine. Spitzenweine kommen aus dem Piemont, wo ebenfals aus der Nebbiolo-Traube der schwere Barolo ausgebaut wird. Weit verbreitet ist auch der Barbera aus der derselben Rebsorte. Im Tessin gilt der rubinrote Merlot del Ticino als Klassiker. Zum Essen kann man auch einen *vino della casa,* einen Hauswein, bestellen, einen trockenen, leichten und »ehrlichen« Landwein. Italiener nennen den Wein aus lokaler Produktion *nostrano*.

Wer einen Blick in die Weinkeller der Lombardei werfen möchte, der wende sich an das **Movimento Turismo del Vino** (Corso Magenta 66, 20123 Milano, Tel. 0383 212904, www.movimentoturismovino.it).

SHOPPING

Mitbringsel aus der Region der westlichen Oberitalienischen Seen sind natürlich Spezialitäten wie Pasta und Käse, »salumi« (Wurst und Schinken) sowie Wein.

Letzteren können Sie aus *boccalini,* kleinen Krügen, auf Tessiner Art genießen – ebenfalls ein beliebtes Souvenir. Schöne Strickwaren aus naturgefärbter Wolle aus dem Valle Verzasca findet man auf dem Markt in Locarno. Reduzierte Küchengeräte und Markenkleidung kauft man in den Factory Outlets von Omegna und Mendrisio. Como, ein Zentrum der Seidenverarbeitung, bietet entsprechende Stoffe und Accessoires. Die Brianza ist bekannt für ihre Möbelindustrie. Ausgefallene Stücke erhält man – entsprechenden Platz im Kofferraum vorausgesetzt – z. B. in den Läden von Cantù, südlich von Como.

TOP-SHOPPINGADRESSEN

- Lokales Kunsthandwerk findet man donnerstags auf dem **Mercato di Locarno. > S. 60**
- Bei **Genuinity** in Ascona gibt's Gutes für Küche und Körper, alles Bio und lokal > **S. 69**
- Designer-Accessoirs für den Haushalt zu Schnäppchenpreisen findet man beim **Alessi Outlet** in Omegna. > **S. 82**
- Reduzierte Mode von Adidas bis Armani füllt die Regale im stilvollen Factory Outlets **Foxtown** mit seinen über 150 Stores bei Mendrisio. > **S. 116**
- In Como kauft man Seide bei **Lario Seta** D4 (Via Asiago 31, Loc. Tavernola, Tel. 031 570823, www.larioseta.com).

💬 SCHNÄPPCHEN AUF DEM MARKT

Kunst und Krempel auf dem Flohmarkt in Locarno

MARKTGESCHEHEN

Artischocken türmen sich neben ordentlich gestapelten Auberginen, Parmaschinken, Alp-Hartkäse und Kräuter verbreiten ihren appetitanregenden Duft, und hat man sich erst einmal an all den kulinarischen Verführungen satt gesehen, wandelt man durch ein Spalier von Kartons, auf denen Schuhe kunstvoll drapiert sind. Dazwischen singen Kanarienvögel, hier stapelt sich farbenfrohe Keramik, dort baumeln BHs auf Plastikbügeln, und am CD-Stand raunt Paolo Conte etwas von Zitroneneis.

Es ist das geballte Durcheinander an Sinneseindrücken, das die Märk-te Italiens und des italienisch geprägten Tessins so reizvoll macht. Die *mercati* sind für den lustvollen Einkauf gedacht. Man zieht gemütlich mit Kind und Kegel von Stand zu Stand und schaut, was es so gibt. Märkte wie der Donnerstagsmarkt in **Locarno** › S. 60 sind am Lago Maggiore jedoch nicht nur ein pittoreskes Vergnügen, sie erfüllen auch ganz praktische Funktionen in einer Gegend, in der Einkaufsmöglichkeiten begrenzt sind.

In der Hochsaison zu Ostern und Pfingsten sowie im August kann der Marktbesuch ein eher anstrengendes Unternehmen sein, wenn es vor lauter Kauflustigen kein Durchkommen mehr gibt. Italiener schätzen generell auch die Unmittelbarkeit des Einkaufs auf dem Markt. Denn weit über die Besorgung des Lebensnotwendigen hinaus ist der Einkauf auf dem Markt ein gesellschaftliches Ereignis. Dazu gehört auch das Feilschen (nicht bei Lebensmitteln), bei dem sich Käufer und Verkäufer mit Anpreisungen und Einwänden messen und in teils längere Preisverhandlungen vertiefen können. › mehr S. 19 Punkt **44**

FLOH- UND ANTIQUITÄTEN-MÄRKTE

Jeden ersten Sonntag im Monat (außer im Aug.) findet an der Uferpromenade von **Sesto Calende** › S. 84 ein bunter Floh- und Antiquitätenmarkt statt, der – kommt man schon früh am Morgen – eine wahre Fundgrube für Raritäten sowie für Kitsch und Kunst ist.

In **Angera** › S. 84 kann man an jedem zweiten Sonntag des Monats (8–18 Uhr) auf der Fiera del Borgo zwischen alten Möbeln, Büchern, Gläsern oder Geschirr stöbern.

MITTWOCHSMARKT IN LUINO

Jeden Mittwoch ist Markttag in Luino (8.30–16.30 Uhr) › S. 88. Das ganze Zentrum des Städtchens am Lago Maggiore verwandelt sich dann in einen riesigen bunten Basar, den größten oberitalienischen Markt. Was immer man sucht, sei es eine Kaffeemaschine, eine Handtasche, Schuhe, Strümpfe, Modeschmuck, Keramik, CDs, Schirme und Lederwaren oder auch Gemüse – der Markt in Luino bietet von allem eine große Auswahl. › mehr S. 18 Punkt **38** Da die Zahl der Marktgänger groß ist, die der Parkplätze aber sehr klein (wer in der Stadt parken will, der muss schon sehr früh aufstehen), empfiehlt es sich, per Zug oder Schiff anzureisen.

SONNTAGSMARKT IN CANNOBIO

Am Westufer findet im mittelalterlich geprägten Ort Cannobio › S. 70 jeden Sonntag (8–14 Uhr) an der Uferpromenade ein schöner, überschaubarer Markt statt. Neben frischem Bergkäse, Wurst und anderen piemontesischen Spezialitäten gibt es ein großes Angebot an Kleidung und Schuhen. › mehr S. 19 Punkt **42** Ferner findet man auf dem Markt in Cannobio reichlich Kupferkessel und Erzeugnisse des Schmiedehandwerks, das hier traditionell angesiedelt ist.

KLEIDUNG VOM MARKT

Anders als auf deutschen Wochenmärkten kann man sich auf dem italienischen Mercato auch einkleiden. Man findet vielfach Mode auf der Höhe der Zeit, die zwar nicht immer aus den besten Stoffen angefertigt wurde, dafür aber auch sehr preiswert ist. Besonders günstig sind Lederwaren. Hier ist die Qualität oft gut, und die Preise liegen um ein Vielfaches unter dem, was man nördlich der Alpen für Lederjacken, Handtaschen oder Schuhe bezahlt.

Die Preise auf Märkten können häufig heruntergehandelt werden – Basis-Italienischkenntnisse vorausgesetzt. Die beste Zeit, um zu handeln, ist kurz vor Marktschluss.

Im Cabrio-Klassiker auf der Panorama-
straße am Lago Maggiore bei Cannobio

TOUREN & SEHENSWERTES

LAGO
MAGGIORE

Piemontesische
Feinkost in Stresa

Italien und die Schweiz teilen sich den Lago Maggiore mit seinem berühmten Westufer und dem weniger frequentierten Ostufer. Neben dem See bietet sich das Hinterland mit seinen alpinen Tälern zur Erkundung an.

Das obere Fünftel des Lago Maggiore gehört zum Schweizer Kanton Tessin, das Westufer zur italienischen Region Piemont (Provinz Novara), das Ostufer zur Lombardei (Provinz Varese). Der Lago Maggiore ist nach dem Gardasee der zweitgrößte der Oberitalienischen Seen

Am **Nordufer** liegen die so eleganten wie mondänen Schweizer Zwillingsstädte **Locarno** und **Ascona**. Beide bezaubern mit engen Altstadtgassen und Flaniermeilen mit schicken Boutiquen; Palmen verbreiten bereits südländisches Flair.

Am **nördlichen Teil des Westufers** erfährt man am besten die Vielgestaltigkeit der Landschaft des hier *Verbano* genannten Sees. Noble Villen in symmetrisch angelegten Parks säumen den Weg ebenso wie steil aufragende Felsen und verlassene Dörfer. Neben dem See ist das Hinterland mit seinen alpin geprägten Tälern eine Entdeckung wert. Vor allem das unter Naturschutz stehende **Verzascatal** begeistert mit glattpolierten Felsen und abgelegenen Bergdörfern.

Das **südliche, piemontesische Westufer** ist für seeine blühenden Gärten und prächtigen Villen im Stil der Belle Époque berühmt. Dort vereinen sich Natur und Kunst bei mediterranem Ambiente auf vorzügliche Weise. Anfang des 19. Jhs.

war die Ecke ein beliebtes Ziel für Adel, Großbürgertum und Künstler. Wohlhabende Mailänder bauten prunkvolle Villen, darunter einen der schönsten Europas. Einen Höhepunkt bilden hier die **Borromäischen Inseln**, deren Nähe Stresa mondäne Grandhotels bescherte.

Im Hinterland des Borromäischen Golfes ist der kleine, ruhige re **Lago d'Orta** mehr als einen Abstecher wert. Touristische Attraktionen sind das von Bauten aus Renaissance und Barock geprägte Orta San Giulio und die charmante kleine Insel Isola di San Giulio, die verträumt im See liegt und die Jahrhunderte nahezu unverändert überstanden hat. Wer sich auf die beschauliche Gegend einlässt, der findet mit dem Sacro Monte ein Kulturerbe der UNESCO und auch kleine interessante Museen.

Das **östliche, lombardische Ufer** des Lago Maggiore lässt Nobelorte vermissen, auch findet man dort keine üppigen Parks. Reizlos ist das raue Ostufer deshalb aber keineswegs, eher ursprünglich. Bis hinauf nach Laveno ist das Hinterland flach und zersiedelt, weiter nördlich steigt das Seeufer steil an, nimmt alpinen Charakter an, ohne allerdings den mediterranen Hauch einzubüßen, der den Zauber des Lago Maggiore ausmacht.

Landschaftlich weniger reich ge-segnet ist auch das benachbarte **Va-resotto**. Dabei gibt es zwischen dem Ostufer des Lago Maggiore und dem schweizerischen Mendri-siotto durchaus Sehenswertes: die Provinzhauptstadt **Varese** mit ih-rem großartigen Sacro Monte und der Villa Panza, der in eine glaziale Hügellandschaft eingebettete Lago di Varese sowie schöne Wander- und Aussichtsberge im Norden.

TOUREN IN DER REGION

OHNE AUTO UM DEN LAGO MAGGIORE

ROUTE: Locarno › Luino › Casal-zuigno › Verbania › Stresa › Borro-mäische Inseln › Arona › Angera › Santa Caterina del Sasso › Locarno

KARTE: Seite 58
LÄNGE: 5–6 Tage
PRAKTISCHE HINWEISE:
- Die einzelnen Bootsfahrten dauern selten länger als 1 Std. Zu den Bor-romäischen Inseln verkehren ab Stresa regelmäßige Boote.
- Nach Casalzuigno nehmen Sie den Bus nach Cittiglio bis zur Halte-stelle Casale.

TOUR-START:
Am frühen Mittwochmorgen bringt Sie das Boot von **Locarno** **1** › S. 60 nach **Luino** **27** › S. 87, wo Sie im Ho-tel gleich einchecken, um die Hände für den Marktbummel frei zu ha-ben. Für den Nachmittag bietet sich ein Busausflug ins **Valcúvia** **38** › S. 96 an, zur Villa della Porta Boz-zolo ins Casalzuigno. Tags darauf geht es per Boot weiter zur Villa Ta-ranto in **Verbania** **13** › S. 72, wo Sie sich direkt an der Zufahrt zu den Gärten eine Nacht im Hotel Grand Majestic gönnen sollten. Erkunden Sie die Gärten, das Museo del Pae-saggio und Verbania. Am Freitag nehmen Sie zunächst das Boot di-rekt nach **Stresa** **16** › S. 76, um sich dort für zwei oder drei Nächte ein-zuquartieren. Der Rest des Tages steht dann für die Erkundung der **Borromäischen Inseln** **18** › S. 78 zur Verfügung. Nach einem ausgie-bigen Frühstück bringt Sie am nächsten Vormittag das Boot nach **Arona** **20** › S. 82, wo Sie aus dem Kopf der Kolossalstatue San Carlo Borromeo über den See schauen können, und nach **Angera** **22** › S. 84 mit seiner markanten Feste Rocca di Angera. Am Sonntag geht es per Boot nach **Santa Caterina del Sas-so** **25** › S. 86, einer bedeutenden Wallfahrtsstätte. Nachmittags kön-nen Sie dann mit der Eisenbahn von Stresa über Domodossola und die Centovalli zurück nach **Locarno** fahren.

RUNDFAHRT IM SÜDEN

ROUTE: Verbania › Stresa › Borromäische Inseln › Arona › Angera › S. Caterina del Sasso › Laveno › Verbania

KARTE: Seite 58
LÄNGE: 3–4 Tage, 100 km
PRAKTISCHE HINWEISE:
• Bei Nutzung der Autofähre Laveno
  – Intra/Verbania kann man die
  Tour zu einer Rundfahrt erweitern.
• Zu den Borromäischen Inseln gibt
  es ab Stresa Bootsverbindungen.

TOUR-START:

Nach einem Spaziergang durch die
Gärten der Villa Taranto besuchen
Sie in **Verbania** 13 › S. 72 das Museo
del Paesaggio. Auf dem Weiterweg
speisen Sie in der Osteria del Castel-
lo in Intra › S. 75, bevor Sie in **Stresa** 16 › S. 76 für zwei Nächte Ihr
Hotel beziehen. Am Folgetag stehen
die **Borromäischen Inseln** 18
› S. 78 auf dem Programm, wobei
Sie auf der Isola dei Pescatori zu
Mittag essen. Anschließend bietet
sich eine Seilbahnfahrt auf den
Monte Mottarone 17 › S. 77 an.
Tags darauf folgen Sie der Küsten-
straße bis **Arona** 20 › S. 82 und stär-
ken sich nach dem Stadtbummel in
der Hostaria al Vecchio Portico.
Nachmittags bleibt noch Zeit für die
Burg von **Angera** 22 › S. 84 sowie
für **Santa Caterina del Sasso** 25

› S. 86, bevor Sie Ihr nächstes Quartier ansteuern oder die Autofähre
von **Laveno** 26 › S. 87 zurück nach
Verbania nehmen.

LAGO D'ORTA

ROUTE: Stresa › Monte Mottarone ›
Ameno › Orta San Giulio › Isola di
San Giulio › Orta San Giulio › Sacro
Monte › Omegna › Quarna Sotto ›
Stresa

KARTE: Seite 58
LÄNGE: 2 Tage, 90 km
PRAKTISCHER HINWEIS:
• Die Tour ist in dieser Form nur mit
  dem Kfz durchführbar.

TOUR-START:

Besorgen Sie am Morgen Picknick-
zutaten, bevor Sie von **Stresa** 16
› S. 76 aus nach Gignese › S. 77 fahren. Dort werfen Sie einen Blick in
das Schirmmuseum, um dann
durch den Botanischen Garten zu
spazieren. Am **Monte Mottarone** 17 › S. 77 breiten Sie dann Ihre
Decke für ein Gipfelpicknick aus,
bevor Sie in Vacciago di Ameno
› S. 81 die Fondazione Calderara besuchen. Am **Lago d'Orta** 19 › S. 79
beziehen Sie in Orta San Giulio
schließlich Ihr Hotel, denn am frühen Abend wartet das Boot zur Isola
di San Giulio › S. 81, wo Sie in einem
historischen Speisesaal dinieren. Da

Sie am See nächtigen, können Sie den Abend so richtig genießen, bevor Sie der private Fährservice wieder zum Festland bringt! Der folgende Tag beginnt mit den Kapellen des Sacro Monte › S. 81. Stilvoll zu Mittag speisen können Sie in der Villa Crespi, um nach dem Espresso Omegna › S. 82 anzusteuern, wo u. a. Maschinen zu dessen Zubereitung produziert werden. Nach einem Abstecher zum Blasinstrumentendorf Quarna Sotto › S. 82 ist der Ausgangspunkt **Stresa** schnell erreicht.

SCHIFFSVERKEHR

Alle größeren Orte sind mit Linienschiffen zu erreichen. Autofähren pendeln zwischen Intra und Laveno. Fahrpläne und Preise: Tel. 0322 233200, www.navigazione laghi.it.

TOUREN AM LAGO MAGGIORE

TOUR ❶

OHNE AUTO UM DEN LAGO MAGGIORE

Locarno › Luino › Casalzuigno › Verbania › Stresa › Borromäische Inseln › Arona › Angera › Santa Caterina del Sasso › Locarno

TOUR ❷

RUNDFAHRT IM SÜDEN

Verbania › Stresa › Borromäische Inseln › Arona › Angera › Santa Caterina del Sasso › Laveno › Verbania

TOUR ❸

LAGO D'ORTA

Stresa › Monte Mottarone › Ameno › Orta San Giulio › Isola di San Giulio › Orta San Giulio › Sacro Monte › Omegna › Quarna Sotto › Stresa

UNTERWEGS AM LAGO MAGGIORE

LOCARNO **1** ⭐ ▍C2

In eleganter Pose erstreckt sich am Westufer des Lago Maggiore die Stadt Locarno (16 000 Einw.), die mit Lugano um den Rang der schönsten Stadt im Tessin buhlt. Die herrliche Landschaft am oberen Ende des Lago Maggiore und das milde Klima lockten bereits im ausgehenden 19. Jh. sonnenhungrige Nordländer an. Der große Aufschwung kam nach dem Zweiten Weltkrieg und erfasste auch die Nachbargemeinden Muralto, Minusio, Orselina und Brione. Heute besteht ein zusammenhängendes Siedlungsgeflecht von der Maggia bis zur Verzasca.

PIAZZA GRANDE **A**

Der lang gestreckte Platz mit seiner Kopfsteinpflasterung ist Zentrum der Stadt. Er erhielt sein heutiges Aussehen erst im 19. und 20. Jh. Ursprünglich grenzte er direkt ans Seeufer. Die bergseitige Häuserzeile lädt mit durchgehenden Laubengängen zum Flanieren ein, während östlich der Stadtpark mit dem Theater anschließt.

Auf der Piazza findet jeden Donnerstag ein **Markt** statt (9 bis 17 Uhr; im Jan./Febr. nur Lebensmittel), auf dem neben Obst und Gemüse auch Kunsthandwerk aus dem Tessin angeboten wird. Besonders beliebt sind *boccalini,* kleine Krüge, aus denen der einheimische Tessiner Rotwein getrunken wird, sowie Strickwaren aus naturgefärbter Wolle aus dem Valle Verzasca.

CASTELLO VISCONTEO **B**

Im Westen mündet die Piazza Grande in die Via Franchino Rusca, an der sich das Castello erhebt. Obwohl 1532 bis auf den Palas (Hauptgebäude) und den Nordwestturm von den Eidgenossen geschleift, zählt es noch heute zu den bedeutendsten Schlössern des Tessins. Die Gründung reicht bis ins Mittelalter zurück; die Visconti errichteten im 14. Jh. eine neue Festung, ein großzügiger Ausbau erfolgte in der zweiten Hälfte des 15. Jhs. unter den Rusca.

Die mit Türmen reich bewehrte Anlage besaß damals einen eigenen Hafen und galt als uneinnehmbar. Besonders malerisch ist der Hof, den eine Renaissanceloggia umgibt. Heute ist im Castello das **Museo civico e archeologico** untergebracht. Es umfasst eine reiche archäologische Sammlung (darunter römische Gläser), präromanische und romanische Skulpturen, ferner lokalhistorisches Material. Ein Gedenksaal erinnert an den Abschluss der Locarno-Verträge im Jahr 1925 (April–Okt. Di–So 10–17 Uhr).

DIE ALTSTADT

Zwischen der Piazza Grande, dem Schloss und der Contrada Borghese liegt der historische Stadtkern von Locarno. Er verführt mit seinen Gassen und den verwinkelten Plät-

zen geradezu zu einem Bummel.
Zu den schönsten Bürgerhäusern
gehört die **Casa Rusca** an der Südseite der Piazza Sant'Antonio, eine
noble Patriziervilla mit dreige-
schossigem Arkadenhof aus dem
18. Jh. Sie beherbergt die **Pinacoteca Comunale,** die sehenswerte
Kunst des 19. und 20. Jahrhunderts
ausstellt (Di–So 10–12, 14–17 Uhr).

Beachtung verdienen auch die
drei Kirchen in der Altstadt: **San
Francesco** , ein Nachklang der
typischen mittelalterlichen Bettelordenarchitektur (16. Jh.; mittags
geschl.), die Pfarrkirche **Sant'Antonio** (17. Jh.) an der gleichnamigen Piazza und **Santa Maria Assunta** , im Volksmund *Chiesa
Rossa* genannt, ein üppig ausgestal-
teter Frühbarockbau (1636).

SANTA MARIA IN SELVA

Außerhalb, an der Straße nach Sol-
duno, steht das Kirchlein Santa Maria in Selva. Das um 1400 erbaute
Gotteshaus wurde 1884 bis auf den
Turm und den quadratischen Chor
abgebrochen. Erhalten geblieben
sind aber die Chorfresken aus spät-
gotischer Zeit (Szenen aus dem
Christusleben, 15. Jh.).

SAN VITTORE

Bedeutendster Sakralbau am oberen Lago Maggiore ist die Kirche
San Vittore in Muralto (in Bahn-
hofsnähe des Ortes). Die dreischiffige romanische Pfeilerbasilika entstand zwischen 1090 und 1110. An
der Südseite prangt ein vorzügliches
Marmorrelief des hl. Viktor als
Reitersmann (1460). Im Kirchen-

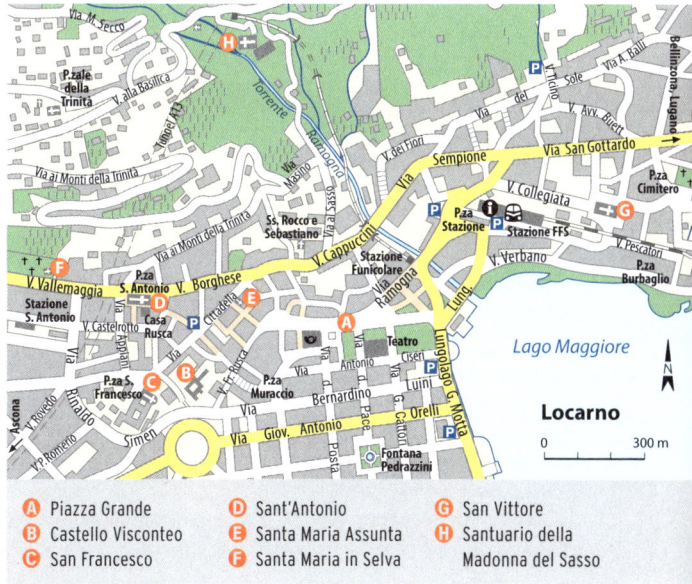

A Piazza Grande	**D** Sant'Antonio	**G** San Vittore
B Castello Visconteo	**E** Santa Maria Assunta	**H** Santuario della
C San Francesco	**F** Santa Maria in Selva	Madonna del Sasso

innern wurden bedeutende romanische und spätgotische Fresken freigelegt. Unter dem Chor befindet sich die romanische **Hallenkrypta,** die mit reicher ornamentaler und figürlicher Kapitellplastik ausgeschmückt ist.

MADONNA DEL SASSO Ⓗ

Auf einer felsigen Anhöhe oberhalb von Locarno erhebt sich der bekannteste Wallfahrtsort (346 m) der italienischen Schweiz gleichsam als Aussichtsterrasse über die Berge und den See. Man erreicht ihn bequem über eine gut ausgebaute Straße oder in gut 5 Min. mit der Standseilbahn *(funicolare)* ab der Via Ramogna nahe dem Bahnhof. Auf den Spuren der Pilger geht man ab der Piazza Grande auf dem alten Kreuzweg (Via Crucis, ca. 30 Min.).

Die heutige Anlage der ockergelben, reich ausgestatteten Wallfahrtskirche **Santa Maria Assunta** geht auf das 16. und 17. Jh. zurück.

Hauptattraktion ist das Altarbild »Flucht aus Ägypten« von Bramantino (um 1520).

INFO

Ente Turistico Lago Maggiore
- Piazza Stazione | 6600 Locarno
  Tel. 0848 091091
  www.ascona-locarno.com

HOTELS

Boutique-Hotel Remorino €€€
Liebevoll geführtes Haus aus den 1960ern, zeitgemäß aufgefrischt, direkt am See, mit prachtvollem Garten und Pool.
- Via Verbano 29
  6648 Minusio-Locarno
  Tel. 091 7431033 | www.remorino.ch

La Palma au Lac €€€
Gediegenes 4-Sterne-Stadthotel mit 68 Zimmern, direkt an der Seepromenade, schöne Sonnenterrasse.
- Viale Verbano 29 | 6602 Locarno
  Tel. 091 7353636
  www.lapalmaaulac.com

💬 FILME AUF DER PIAZZA GRANDE

Seit 1947 wird jedes Jahr im August auf der Piazza Grande eine der größten Filmeinwände Europas aufgespannt: Zeit für das Internationale Filmfestival von Locarno, eines der ältesten und bedeutendsten Filmereignisse. Junge Filmschaffende und neue Filme finden ebenso ein Podium wie zahlreiche Retrospektiven, die dazu beigetragen haben, verkannte Regisseure wieder aus der Vergessenheit zu holen, wie Frank Tashlin oder Alberto Cavalcante. Mehr als 7000 Zuschauern pro Aufführung bietet die Piazza Grande Platz, die ihrem Namen zwar alle Ehre machen mag, dem Ansturm der insgesamt 200 000 Cineasten pro Jahr aber kaum noch standhält.› mehr S. 16 Punkt ㉕ Die Liste großer Filmemacher, die unter anderem auf dem Filmfest von Locarno bekannt geworden sind, scheint endlos: Woody Allen, Rainer Werner Fassbinder, Jim Jarmusch, Jacques Rivette und Roberto Rossellini sind nur einige von ihnen. **Festival del film Locarno:** www.pardolive.ch.

Die Wallfahrtskirche Santa Maria Assunta, besser bekannt als Madonna del Sasso

Nessi €€
Neueste Architektur der Tessiner Schule.
Modern eingerichtete Zimmer, Garten mit
beheizbarem Pool.
• Via Varenna 79
  6600 Locarno-Solduno
  Tel. 091 7517741
  www.garninessi.ch

Rio €€
Elegante, dreistöckige Jugendstilvilla in
einem Palmengarten; familiäres Ambiente.
• Via Collegiata 1 | 6600 Locarno
  Tel. 091 7436331
  www.garni-rio.ch

Vecchia Locarno €–€€
In der Altstadt gelegen, mit schönem
Innenhof; einfacher Zimmerstandard.
• Via della Motta 10
• 6600 Locarno
  Tel. 091 7516502
  www.vecchia-locarno.ch

RESTAURANTS

Caffè dell'Arte Boutique Rooms €€
Super stylische Zimmer, nur ein paar
Schritte von der Piazza Grande entfernt.
• Via della Citadella 9 | 6600 Locarno
  Tel. 091 7519333
  www.caffedellarte.ch

Osteria del Centenario €€€
Bietet feinstes Ess-Erlebnis mit legendärer Tessiner Küche, darunter delikate Risotti. Nov.– März. So, Mo geschl. › mehr S. 14
Punkt ⑰
• Viale Verbano | 6600 Locarno-Muralto
  Tel. 091 7438222
  www.osteriacentenario.ch

Ristorante Bottega del vino €€
Elegante Weinbar nahe der Piazza Grande mit kleiner Auswahl an feinen Saisonge-richten.
• Via Bernardo Luini 13 | 6616 Locarno
  Tel. 091 7518279 | www.bottegavino.ch

NIGHTLIFE
Lungolago
Beliebte trendige Bar-Pizzeria.
• Via Bramantino 1 | 6600 Locarno
  Tel 091 7515246 | www.lungolago.ch

Pardo Bar
Gemütliche Traditionsbar mit schöner Terrasse, ab und zu rockige Livemusik.
• Via della Motta 3 | 6600 Locarno
  Tel. 091 7522123 | www.pardobar.com

Casinò di Locarno
Glücksspiel im historischen Kursaal.
• Largo Zorzi 1 | 6600 Locarno
  Tel. 091 7563030
  www.casinolocarno.ch

AUSFLÜGE AB LOCARNO

CIMETTA
Vom Ortsteil Orselina lohnt die Auffahrt mit der modernen, vom Tessiner Stararchitekten Mario Botta gestalteten Seilbahn zur **Cardada** (1340 m) und weiter mit dem Ses-sellift zur **Cimetta** (1671 m); das Panorama ist auf beiden Gipfeln großartig (www.cardada.ch). Oder man wandert weiter zur **Cima della Trosa** (1869 m), einem der besten Tessiner Aussichtsgipfel. Der Ab-stieg führt dann über die Alpi di Bietri und Cardada zur Kirche Ma-donna del Sasso (5 ½ Std., 16 km).

VERSCIO ② ▮ C2
Der kleine Ort 6 km westlich von Locarno lohnt einen Ausflug zur Abendstunde. Dann kommen im **Teatro Dimitri** sprachübergreifende Bühnenwerke vom Ensemble der angegliederten Theaterschule zur Aufführung (März–Nov.). Im Thea-terticket ist auch der Besuch des **Theatermuseums** eingeschlossen. Dieses präsentiert Requisiten aus der Arbeit der Clowns, Filme, Foto-grafien und Plakate (Museum an Vorstellungstagen 17–24 Uhr; Stra-don 28, Tel. 091 7961544, www.tea trodimitri.ch).

CENTOVALLI ▮ A–C2
Ein Abenteuer auf Schienen ist eine Bahnfahrt durch die Centovalli, durch tief eingeschnittene Täler, die der Zug über hohe Brücken und durch enge Felsschluchten quert. Startpunkt ist Locarno, bis zum Endpunkt im italienischen Domo-dossola braucht der Zug rund 2 Std. (Info: www.centovalli.ch).
  Per Bahn ist man auch schnell im Wandergebiet um **Intragna** ③ ▮ C2, mit Touren wie Tegna – Gorde-vio (10 km, 4 Std.), Intragna – Cam-edo (16 km, 6 Std., mit Besteigung des Monte di Comino, 1166 m) und Loco – Intragna (6 km, 2 Std).

Die Streckenführung der Centovallibahn ist spektakulär

HOTEL

Hotel Stazione €€€
Schönes Quartier, sein Restaurant »Da Agnese« serviert feinste Tessiner Küche.
• 6655 Intragna | Tel. 091 7961212
  www.daagnese.ch

VAL VERZASCA 4 ⭐ 📘 C1/2

Eine wilde Landschaftsschönheit ist das Verzascatal, in dem sich die grün schillernde Verzasca zwischen Felswänden ihren Weg bahnt. Erst seit 1870 ist das Tal über einen bequemen Weg mit der Außenwelt verbunden, zuvor gab es nur einen schmalen Saumpfad, der sich zwischen den bis zu 2800 m hohen Bergflanken hindurchschlängelte.

Nördlich von **Tenero** riegelt eine der höchsten Staumauern Europas (220 m) das Tal ab. Bungee-Springer stürzen sich hier – inspiriert von James Bond, der in »Golden Eye« von der Staumauer sprang – gerne in die Tiefe. In **Brione,** dem Hauptort des Tales, wird man in der kleinen Kirche Santa Maria Assunta von Fresken aus der Giotto-Schule überrascht: Sie werden Malern aus der Romagna zugeschrieben und entstanden etwa um 1330.

Der architektonisch interessante Weiler **Corippo** steht unter Denkmalschutz. ▸ mehr S. 16 Punkt ㉓ Und in **Lavertezzo** überspannt die ursprünglich mittelalterliche Doppelbogenbrücke Ponte dei Salti den Fluss, der hier besonders schöne Badeplätze bietet. Hinter der Brücke liegt rechter Hand der urige Grotto al Ponte ▸ S. 66.

Ein intensives Erlebnis ist die Wanderung durch das Verzascatal (13 km, 3 ½ Std., Busverbindung): Man startet im ursprünglichen Ort **Sonogno** mit seinen Naturstein-häusern und Kunsthandwerks-läden. › mehr S. 19 Punkt **41** Dann folgt man dem gut markierten Weg zurück nach Lavertezzo. › mehr S. 12 Punkt **4**

RESTAURANT

Grotto Scalinata €€
Uriges Restaurant mit Aussicht auf die Weinberge. Deftige Küche. Mi–Mo 8–23 Uhr, Di und im Winter geschl.
• Via Contra 60 | 6598 Tenero
  Tel. 091 7452981

Grotto al Ponte €–€€
In dem rustikalen Restaurant bei der Stein-brücke bekommt man unter Kastanien-bäumen den Käse und die Salami des Tals serviert. Mai–Okt.
• 6633 Lavertezzo | Tel. 091 7461277

Ristorante Posse €–€€
Flussforellen, Terrinen, Wild und Ziegen werden hier traditionell zubereitet. Mai–Okt.
• 6633 Lavertezzo | Tel. 091 7461796

ISOLE DI BRISSAGO

 5 | C2

Die Brissago-Inseln sollen einst Christen als Zuflucht gedient ha-ben. Im 12. Jh. wurde auf der **Isola Piccola** (Isolino) eine dem hl. Apol-linaris geweihte Kirche errichtet, von der heute nur noch Mauerreste künden. Auf der **Isola Grande** be-

zaubert der um 1885 angelegte, 3,3 ha große Botanische Garten den Besucher mit einer einzigartigen Vegetation aus einheimischen und subtropischen Pflanzen von allen Kontinenten sowie Nutz- und Arz-neipflanzen (Mitte März–Ende Okt. tgl. ca. 9–18 Uhr; www.isolebrissa go.ch). Die 1927 im Renaissancestil errichtete Villa Eden beherbergt ein Restaurant.

SCHIFFFAHRT

Verbindungen zu den Brissago-Inseln ab Locarno, Ascona, Brissago und Porto Ronco (www.navigazionelaghi.it).

ASCONA **6** ⭐ **2** | C2

Noch vor 1900 ein verschlafenes Fi-scherdorf, war der Ort zunächst ein Dorado für die »Wahrheitssucher«, die sich als Vertreter einer naturbe-zogenen theosophischen Lebens-form auf dem Monte Verità nieder-ließen › S. 68, ehe sich Ascona zum mondänen Urlaubsort mit Bouti-quen und Kunstgalerien entwickel-te. Der Bauboom erfasste zwar das Maggia-Delta und die Collina (Monte Verità), verschonte aber den alten *Borgo,* die Altstadt. So hat sich das Städtchen eine unverwechsel-bare Atmosphäre bewahrt.

DIE ALTSTADT

An der berühmten Seepromenade mit der **Piazza Giuseppe Motta** ge-ben sich Geld- und Geistesadel im Sommer allabendlich ein Stelldich-ein. › mehr S. 17 Punkt **30** Dahinter erstreckt sich die malerische, auto-freie Altstadt *(Borgo):* Die Gässchen

An der Hafenpromenade von Ascona

säumen Arkaden, immer wieder eröffnen sich Durchgänge zu romantischen Winkeln, fallen architektonische Details auf.

Die Pfarrkirche **Santi Pietro e Paolo,** eine dreischiffige Säulenbasilika (13. Jh., Umbau 16. Jh.) mit hoch aufragendem Turm, birgt drei Tafelbilder des einheimischen Malers Giovanni Serodine (1594 bis 1630), der gleich nebenan im schönsten Barockbau Asconas lebte, in der **Casa Serodine.** Das prachtvolle Gebäude, das etwa 1620 von Cristoforo und seinem Sohn Giovanni Battista Serodine errichtet wurde, ist auch mit Stuckarbeiten der Serodines geschmückt.

In den Galerien und Antiquitätenläden des Borgo findet sich Kunst neben Kitsch, Avantgardistisches neben Traditionellem. Zeitgenössisches zeigt das **Museo Comunale d'Arte Moderna** im Palazzo Pancaldi. Den Kern der Sammlung bilden Gemälde und Skizzenbücher der Expressionistin Marianne von Werefkin (Di–Sa 10–12, 14–17, Juli bis Aug. 10–12, 16–19 Uhr, So/Fei 10.30–12.30 Uhr; Via Borgo 34).

COLLEGIO PAPIO

Am westlichen Rand des alten Ortskerns liegt das 1584 gegründete **Collegio Papio.** Der zweigeschossige Innenhof der römisch-katholischen Schule zählt mit seinen Loggienreihen zu den schönsten Renaissancehöfen der Schweiz. Die Kirche **Santa Maria della Misericordia** (1399–1442) wurde nach der Gründung dem Kollegium angegliedert.

In strenger Bettelordenarchitektur errichtet, bewahrt sie kostbaren Freskenschmuck (15./16. Jh.). Hervorzuheben ist der große Bilderzyklus im Chor: an der Nordwand etwa 60 Bildfelder mit Szenen aus dem Alten Testament, an der Südwand aus dem Leben Christi.

MUSEO EPPER

Nur wenige hundert Meter östlich der Seepromenade trifft man auf das Museo Epper. Ignaz Epper (1892–1969) war ein wichtiger Vertreter des Schweizer Expressionismus. Mit seiner Frau Mischa lebte und arbeitete er in Ascona, im ehemaligen Atelier des Ehepaars sind heute Gemälde, Zeichnungen, Holzschnitte und Plastiken beider Künstler zu sehen (Di–Fr 10–12, 15–18, Sa/So 15–18 Uhr; Via Albarelle 14, Tel. 091 7911942).

MONTE VERITÀ

Über Ascona thront der heute stark verbaute Monte Verità, auf dessen Park-Spazierwegen man eine schöne Aussicht auf den See und das Maggia-Delta genießt. Die **Casa Anatta,** 1902–1920 das Wohnhaus und Repräsentationsgebäude der »Vegetarischen Cooperative Monte Verità« › S. 42, zeigt interessante Dokumente zur Geschichte jener Reformer und Kommunarden, die letztendlich Vorläufer der »Lebensreformbewegung« der 1890er-Jahre waren (Via Collina 84, Tel. 091 7854040, www.monteverita.org).

Jüngeren Datums auf dem Monte Verità ist die **Casa del Té,** ein Zentrum der Teekultur mit Teegarten, Teeweg, Zen-Garten und japanischem Teehaus (April–Okt Mi–So, Nov.–März Sa/So 13.30–17 Uhr, Di Teezeremonie).

Wer die magnetischen Kräfte des Monte Verità selbst testen möchte, kann sich im **Bauhaus-Hotel** einquartieren, das 1927–29 in dem geradlinigen Stil auf dem Berg errichtet wurde (€€–€€€; kulturelle und wissenschaftliche Veranstaltungen).

INFO

Ente Turistico Lago Maggiore
• Via B. Papio 5 | 6612 Ascona
Tel. 0848 091091
www.ascona-locarno.com

HOTELS

Castello Seeschloss €€€
Luxuriöses 4-Sterne-Romantikhotel an der Seepromenade. Großer Pool im Garten, Restaurant mit Palmenterrasse zum See, Nov.–Anf. März geschl.
• Via Circonvallazione 26 | 6612 Ascona
Tel. 091 7910161
www.castello-seeschloss.ch

Casa Berno €€–€€€
Nahe dem Monte Verità gelegene Oase der Ruhe in Kastanienwäldern. Herrliches Panorama.
• Via Gottardo Madonna 15
6612 Ascona | Tel. 091 7913232
www.casaberno.ch

RESTAURANTS

Locanda Barbarossa €€€
Mediterrane Küche auf höchstem Niveau, großartige Weinauswahl.
• Via Muraccio 142 | 6612 Ascona
Tel. 091 7910202
www.castellodelsole.com

Ecco €€€

Der junge Koch Rolf Fliegauf ist ein Vertreter der Molekularküche und immer auf
der Suche nach dem ultimativen Gaumen-
Genuss. Im Winter geschl.

• Hotel Giardino | Via Segnale 10
  6612 Ascona | Tel. 091 7858888
  www.giardino.ch

Ristorante Collinetta €€–€€€

Das Ambiente ist ein gelungener Mix aus
rustikal und modern, die Küche setzt lokale Rezepte und Produkte. Am westlichen
Ortsrand von Ascona.

  Strada Collinetta 115 | 6612 Ascona
  Tel. 091 7911931
  www.ristorantecollinetta.ch

Grotto Raffael €€

Traditioneller, beliebter Grotto – Gott und
die Welt treffen sich hier. Mo und im Winter
geschl.

• Vicolo Canaa 21 | 6616 Losone
  Tel. 091 7911529

SHOPPING
Genuinity

Marmeladen, Chutneys, Essig, Salzmi-
schungen und Kosmetika aus lokalen
Manufakturen – in diesem Laden geht Bio-
und Kräuterfans das Herz auf.

• Via Buonamano 2 | 6612 Ascona
  Tel. 091 7805746 | www.genuinity.ch

RONCO 7 ▮ C2

Vom Seeufer bei Porto Ronco führt
ein Sträßchen (2 km) hinauf nach
Ronco. Von dort genießt man die
schönste Ansicht der Brissago-
Inseln. Typisch für den Ortskern
sind die turmartigen Häuser, die
mittels gedeckter Durchgänge mit-

einander verbunden sind. Beim
Bummel durch die engen Gassen
lassen sich mittelalterliche Fenster-
umrahmungen, Schießscharten,
Rundbogentore und Reste von
Wandgemälden entdecken. Die
Pfarrkirche **San Martino** bewahrt
spätgotische Fresken aus dem Jahr
1492 von Antonio da Tradate.

BRISSAGO 8 ▮ C2

Brissago ist ein beliebter, mit seinen
schönen Palazzi und der üppigen
subtropischen Vegetation sehr süd-
ländisch anmutender Ferienort. Im
Mittelalter genoss Brissago als
reichsunmittelbare Miniatur-Repu-
blik besondere Privilegien (Steuer-
und Zollfreiheit, Gerichtsbarkeit),
die seit der Zugehörigkeit zur Eid-
genossenschaft im 16./17. Jh. ener-
gisch verteidigt werden mussten.

Heute stellt der Tourismus, der
leider auch das historische Ortsbild
nachteilig verändert hat, eine
Haupteinnahmequelle von Brissago
dar. Schönster Profanbau des alten
Stadtkerns, der sich auf einem
Schwemmfächer erstreckt, ist die
Casa Branca (auch Palazzo Baccalà
genannt, 1680–1720) mit reicher
Schaufassade.

Die Renaissancekirche **Madonna
di Ponte** südlich des Ortes gilt als
eine der bedeutendsten Schöpfun-
gen der lombardischen Architektur
in der Schweiz (1520–1545). Ihr
Baumeister war Giovanni Beretta.

Südlich des Ortes ist direkt am
See die 1847 gegründete Zigarrenfa-
brik angesiedelt, ein Relikt aus dem
Zeitalter der Industrialisierung. Die

Zigarre »Brissago« hat weit über die Schweiz hinaus noch ihre Fans › S. 11. Heute empfängt hier jedoch das **Centro Dannemann** des jetzigen Eigner-Tabakkonzerns Gäste in seiner Event-Location mit Shop und bietet Erlebnisführungen an (ab 24 € p.P.; Via Ruggero Leoncavallo 55, Tel. 091 7868130, www.centrodannemann.com).

HOTEL

Parkhotel Brenscino €€€
Familienhotel mit modernen Zimmern und Panoramablick. Ausgezeichnete Küche. Im Winter geschl.
• Via Sacro Monte 21 | 6614 Brissago
  Tel. 091 7868111
  www.brenscino.ch

Sunstar Hotel Brissago €€€
Modernes, einer römischen Villa nachempfundenes Boutiquehotel in einer Parkanlage am See mit 32 großzügigen Suiten mit Balkon. Nur wochen- oder halbwochenweise zu buchen, März–Anf. Nov. geöffnet.
• Via Gabbietta 3 | 6614 Brissago
  Tel. 091 7932766
  http://brissago.sunstar.ch

RESTAURANTS

Grotto Borei €€€
Grotto der gehobenen Kategorie mit Tessiner Küche und Ausblick über den See. Abends reservieren. Do geschl., März–Mai auch Mi.
• Via Ghiridone 71 | 6614 Brissago
  Tel. 091 7930195 | http://osteriaborei.ch

Gabietta €€
Terrasse direkt am See, netter Service, serviert werden Fisch und Fleisch, Pasta, Pizza und wechselnde Saisongerichte.

• Via Gabbietta 6, 6614 Brissago
  Tel. 091 7931760
  www.ristorantegabietta.ch

CANNOBIO 9 ▐ C3

Cannobio, das römische Canobium, ist ein liebenswerter Ort mit historischem Kern, malerischen Arkaden am See und der sehenswerten Wallfahrtskirche **Santa Pietà** (ab 1575). In einem Reliquienschrein werden Tücher verehrt, mit denen das Blut aufgefangen wurde, das anno 1522 bei einem »Wunder« aus einer spätgotischen Pietà geflossen sein soll. Im **Palazzo della Ragione** (13. Jh.), dem alten Gerichtsgebäude, ist ein kleines Ortsmuseum untergebracht. Gleich daneben ragt der schöne romanische Turm (12. Jh.) der Kirche **San Vittore** empor.

Die Strände Cannobios zählen zu den besten am Lago Maggiore. Sonntags ist Markttag in Cannobio, dann herrscht an der Uferstraße ein sinnbetörendes turbulentes Durcheinander (8–14.30 Uhr).

INFO

Pro Loco Cannobio
• Via A. Giovanola 25 | 28052 Cannobio
  Tel. 0323 71212 | www.procannobio.it

HOTEL

Hotel Pironi €€
Das romantische Hotel in einem behutsam restaurierten Gebäude aus dem 15. Jh. begeistert durch prunkvolle Säle mit Deckenfresken und zwölf individuell gestalteten Zimmern.
• Via Marconi 35 | 28822 Cannobio
  Tel. 0323 70624 | www.pironihotel.it

Oliven- und Tomatenspezialitäten auf dem Wochenmarkt in Cannobio

CAMPING

Cannobio gilt als das Camperzentrum am See mit einer großen Auswahl an Campingplätzen unterschiedlicher Kategorien (Info bei Pro Cannobio › S. 70).

RESTAURANT

Antica Stallera €€
Ausgezeichnetes Restaurant mit regionaler und internationaler Küche, erlesenen Weinen und schönem Sommergarten, Di und Mitte Nov.–Jan. geschl.
• Via P. Zaccheo 9 | 28822 Cannobio
  Tel. 0323 71595 | www.anticastallera.com

VAL CANNOBINA ▮ B3

Cannobios Hinterland bietet einige abwechslungsreiche Ausflugsziele. Nur etwa 2 km vom Ortszentrum entfernt rauscht der Cannobino-Bach durch eine wildromantische Klamm, den **Orrido di Sant'Anna** (Zufahrt). Darüber thront die kleine Kirche Sant'Anna. Hinter der Klamm öffnet sich das **Val Canno-** bina, eingebettet zwischen die mächtigen Bergstöcke des Gridone (2188 m) und des Monte Zeda (2156 m). In Gurro **10** ▮ B3 (812 m) sind die Bewohner auf ihre schottische Abstammung stolz. Nach der Schlacht von Pavia (1525) hatten Söldner hier ihr Winterlager aufgeschlagen, um schließlich ganz zu bleiben. Zu Festlichkeiten trägt man noch heute den traditionellen Tartan, und in der »Scotch Bar & Ristorante« geht es noch immer schottisch zu. Die verwinkelten, mittelalterlichen Gässchen im alten Dorfkern laden zum Entdecken ein.

CANNERO RIVIERA
11 ▮ B3

Vor dem wegen seines milden Klimas gut besuchte Urlaubsort (www.cannero.it) ragen draußen im See zwei Felseilande auf, die **Castelli di Cannero:** Einst waren die schroffen

Inselburgen gefürchtete Räubernester. 1414 ließ Filippo Visconti die Burgen schleifen, Ludovico Borromeo baute später dort die Burg La Vitaliana (heute Ruinen).

AUSFLUG NACH PREMENO `12` 📘 B3

Eine kurvenreiche Straße für bergerfahrene Fahrer führt als Alternativroute im Hinterland von Cannero Riviera nach Verbania. Zunächst geht es hinauf nach **Trarego** (771 m; 7 km), einem stillen Bergort in reizvoller Terrassenlage unter dem Monte Pianbello (1325 m). Auf Serpentinen führt die Route über den Passo della Piazza (1048 m), über Colle (1238 m) und Pian Cavallo nach **Premeno** (840 m). Der beliebte Ferienort liegt auf dem breiten Höhenrücken zwischen dem Tal des San-Giovanni-Bachs und dem Ufer des Lago Maggiore. Spazierwege führen u. a. zum **Pizzo d'Omo** (1070 m), mit herrlichem Seeblick. Anschließend geht es hinab nach Verbania (ca. 35 km).

VERBANIA `13` 📘 B4

In der Ortsbezeichnung von Verbania (31 000 Einw.) ist der antike Name des Lago Maggiore, *Lacus Verbanus,* noch lebendig. Die Stadt entstand erst im Jahr 1939 durch den Zusammenschluss der Orte Intra, Pallanza sowie weiterer kleiner Gemeinden. Der Stadtteil **Intra** verdankt seinen Namen wohl der Lage zwischen *(intra)* den Gebirgsflüs-

sen San Bernardino und San Giovanni, die hier in den See münden. Handel und Industrie prägen das Bild des Viertels, während das mondäne **Pallanza** zu den renommiertesten Ferienorten am Lago Maggiore zählt. Es ist reizvoll an den Fuß des Monte Rosso gebettet und durch die Punta della Castagnola bzw. die **Botanischen Gärten der Villa Taranto** Ⓐ › S. 74 vom geschäftigen Intra getrennt.

ALTSTADT

Im alten Borgo mit seinen verwinkelten Gässchen entdeckt man noch historische Bausubstanz. Kunstliebhaber kommen im barocken **Palazzo Viani-Dugnani** Ⓑ auf ihre Kosten: Das örtliche **Museo del Paesaggio** präsentiert neben einer archäologischen Sammlung und historischen Fotografien eine Gemäldegalerie, v. a. mit Werken aus dem 19. und 20. Jh., sowie Arbeiten des Bildhauers Paolo Troubezkoj (1866–1938) aus Intra (Fr 14–17, Sa u. So 11–17 Uhr; Via Ruga 44, www.museodelpaesaggio.it).

Nur wenige Schritte weiter westlich, im **Palazzo Biumi-Innocenti** Ⓒ, zeigt die Sammlung skraler Kunst eine in Europa einzigartige Kollektion von 5000 Votivbildern. Zudem sind im Palazzo Fotos zur Landschaftsgeschichte ausgestellt (Salita Biumi 6, Besichtigung nur nach Voranmeldung unter Tel. 0323 556621).

Vom **Lungolago** genießt man eine stimmungsvolle Aussicht über den See auf den Rücken des Mottarone (1491 m). Ganz nah ist die

kleinste der Borromäischen Inseln
› S. 78, die **Isola San Giovanni**.

CHIESA DI MADONNA DI CAMPAGNA

Das Ambiente der im Kern romanischen und 1519–1527 im Stil der Renaissance umgestalteten Kirche am Viale G. A. Azari ist heute leider durch nahe Industriebauten beeinträchtigt. Originell ist die achteckige Kuppel mit Säulengalerie. Von der reichen Innenausstattung sind das geschnitzte Chorgestühl (1582) und die Wandmalereien (16. Jh.) hervorzuheben. Der Kirche zur Seite steht der schlanke romanische Campanile (10–12, 15–16.30 Uhr).

INFO

Ufficio IAT Verbania
• Via Ruga 44 | 28922 Verbania
Tel. 0323 556669
www.verbania-turismo.it

Verbania

0   300 m

Ⓐ Giardini Botanici di Villa Taranto
Ⓑ Palazzo Viani-Dugnani
Ⓒ Palazzo Biumi-Innocenti
Ⓓ Chiesa di Madonna di Campagna

HOTELS

Majestic €€–€€€

Das traumhaft direkt am See gelegene Belle-Époque-Hotel der Luxusklasse mit schönem Garten, Gourmetrestaurant und Wellnesscenter. Zählte einst zu den besten Herbergen Europas, ist aber in der Nebensaison gar nicht so teuer

- Via Vittorio Veneto 32
  28922 Verbania | Tel. 0323 509711
  www.grandhotelmajestic.it

Villa Aurora €

Kleines Hotel in schmucker Villa. Geräumige Zimmer, die dem Zeitgeschmack etwas hinterherhinken, aber in Ordnung sind.

- Via Brigata Cesare Battisti 15
  28291 Verbania | Tel. 0323 40 14 82
  www.hotelvillaaurora.com

RESTAURANTS

Osteria dell'Angolo €€

Regionale Küche in schlichter, netter Atmosphäre. Di–So nur abends, Mo geschl.

- Piazza Garibaldi 35 | 28922 Verbania
  Tel. 0323 556362

Ristorante Le Volte €€

Piemonteser Küche sowie Gerichte anderer italienischer Regionen. Mi geschl.

- Via San Vittore 149 | 28921 Verbania-Intra
  Tel. 0323 404051

💬 **DIE GÄRTEN DER VILLA TARANTO**

Ein Blütenmeer von unvergleichlicher Vielfalt und Pracht ergießt sich in den Gärten der Villa Taranto in Pallanza. Der weitläufig angelegte Park (16 ha), der sich an den Nordhängen des Promontorio della Castagnola erstreckt, umfasst eine der reichsten Sammlungen exotischer Gewächse in ganz Italien. Berühmt sind die großartigen Buchenbestände, die mit ihren weit ausladenden Kronen den sonnenempfindlichen Pflanzen Schatten spenden. Über 500 Rhododendronarten blühen hier im Mai, dazu rund 80 000 Tulpen und Magnolien; an die 350 Dahlienarten zeigen ihre Farbenpracht im September. > mehr S. 16 Punkt 26 Lotos, Kamelien, ein Meer von Azaleen sowie viele tropische Gewächse, von denen einige einmalig in Europa sind, begeistern den Betrachter ein ums andere Mal. Blumengesäumte Wasserbecken, hoch aufschießende Springbrunnen und plätschernde Kaskaden machen aus dem Park ein blühendes Paradies. Auf der Höhe der Blütenhänge erhebt sich unerwartet klein die dazugehörige Villa, ein neonormannischer Bau (Ende 19. Jh; nicht zu besichtigen). Zu dieser Zeit wurde auch der Park angelegt, der 1931 von dem Schotten Neil Boyd Watson McEacharn (1884–1964) in einen botanischen Garten umgewandelt wurde. 1938, lange bevor McEacharn in dem Mausoleum im Park beigesetzt wurde, vermachte der schottische Edelmann die ganze Anlage dem italienischen Staat mit der Auflage, sein botanisches Werk zu vervollkommnen.

Giardini Botanici di Villa Taranto 📕 B4: März tgl. 9.30–17.30, April–Okt. 8.30–18.30, Okt. 9–16.30 Uhr, 10 €, Kinder 6–14 Jahre 5,50 €; Tel. 0323 556667, www.villataranto.it.

Osteria del Castello €€
Urige Weinbar, in der man auch gut essen kann. Am besten nach Tagesempfehlungen fragen – so wie es auch die einheimischen Stammgäste tun. So geschl.
- Piazza Castello 9 | 28921 Verbania-Intra
  Tel. 0323 516579
  www.osteriacastello.com

SHOPPING

La Casera di Eros Buratti
Führt ein großes Sortiment an regionalen Spezialitäten wie Ziegenkäse aus dem Val d'Ossola oder luftgetrockneter Schinken *(bresaola)* aus dem Val Formazza. So geschl. › mehr S. 14 Punkt 18
- Piazza Ranzoni 19 | 28921 Verbania-Intra
  Tel. 0323 581123 | www.formaggidieros.it

Putti-Brunnen im Garten der Villa Taranto

AUSFLUG ZUM MONTE ROSSO 14 B3

Zwischen dem Unterlauf des San-Bernardino-Bachs und Pallanza erhebt sich hinter Verbania der bewaldete Rücken des Monte Rosso (693 m). Von dem Aussichtsposten über den Borromäischen Golf reicht an schönen Tagen die Fernsicht bis zum Monte Rosa. Ein Sträßchen windet sich vom Viale G. A. Azari abzweigend bis fast zum Gipfel hinauf (4,8 km, 33 Kehren, zu Fuß ca. 2 Std.; auch für Mountainbiker).

BORROMÄISCHE BUCHT [B4

Eine Fahrt von **Verbania-Pallanza** über **Baveno,** mit seinen noblen Villen, bis **Stresa** › S. 76 führt um die Borromäische Bucht herum. Dieser Uferabschnitt und der anschließende bis zum Abfluss des Ticino aus dem See ist berühmt als die »Riviera« des Lago Maggiore. Diese hält für ihre Gäste nicht nur Promenaden mit üppiger subtropischer Vegetation, gepflegte Hotels, Straßencafés und viel Unterhaltung bereit, sondern unterstreicht auch gern, dass sie das kunst- und kulturreichere Ufer des Lago Maggiore ist. Schließlich zählt sie nicht ganz ohne Stolz ihre bedeutenden Besucher auf, darunter Iwan Turgenjew, Königin Victoria und Richard Wagner.

Mehr an Alltag erinnert dagegen das Verkehrsgewühl auf der Uferstraße, und wer im Hochsommer die **Borromäischen Inseln** › S. 78 besucht, der muss sich auf Touristenmassen gefasst machen. Sehr viel reizvoller und ruhiger ist es im

Frühjahr oder Spätherbst, wenn bei klarer Sicht der Horizont bis zu den Firngipfeln der Schweizer Alpen reicht. Dann entfaltet der See seine ganze unvergleichliche Schönheit.

Unterwegs nicht zu übersehen sind die Steinbrüche, die man in die bewaldeten Berghänge geschlagen hat. Der rosafarbene Granit, der bis heute gebrochen wird, fand u. a. als Baumaterial für die Basilika San Paolo in Rom und die Galleria Vittorio Emanuele II in Mailand Verwendung.

LAGO DI MERGOZZO

15 ◖ A3

Der kleine See liegt wenige Kilometer nordwestlich der Borromäischen Bucht. Er war bis zum Mittelalter Teil des Borromäischen Golfes, bevor Geröllmassen des Toce ihn isolierten. Mit seinem kaum besiedelten Ufer gilt er als eines der saubersten Badegewässer des Landes.

CAMPING
Camping Continental
Schöner Platz mit Sandstrand, Kanuverleih und großer Poolanlage.
• Via 42 Martiri 156 | 28924 Fondotoce
  Tel. 0323 496300
  www.campingcontinental.com

RESTAURANT
Piccolo Lago €€€
Modernes Restaurant am Lago di Mergozzo, in dem innovative Gourmetküche serviert wird. Mo/Di geschl.
• Via Filippo Turati 87 | 28924 Fondotoce
  Tel. 0323 586792 | www.piccololago.it

STRESA **16** ◖ B4

Stresa stieg dank seiner Vorzugslage am Borromäischen Golf im 19. Jh. vom einfachen Fischerort zur Adels-Sommerfrische und einem der vornehmsten Kurorte Italiens auf. Dicht drängen sich die Villen am Wasser und geben einen Eindruck von der Blütezeit, die Stresa im Gefolge des europäischen Hochadels erlebte.

In der zweiten Hälfte des 18. Jhs. entstand die **Villa Ducale,** die Residenz der Herzöge von Savoyen am See. Das prachtvolle Interieur ist zum Teil erhalten und bildet heute das erlesene Ambiente einer Studienstiftung (Mo–Fr 9–11.45, 15 bis 17.45 Uhr; Strada Sud Sempione).

Die stattliche **Villa Pallavicino** (nicht zu besichtigen) umgibt ein 16 000 m² großer Garten. Der Hausherr hat ihn im 19. Jh. in einen englisch inspirierten romantischen **Landschaftspark** verwandelt (Mitte März–Okt. 9–18 Uhr, letzter Einlass 17 Uhr; Strada Sud Sempione).

Heute gilt Stresa zwar immer noch als das touristische Zentrum am Lago, macht jedoch eher den Eindruck einer in die Jahre gekommenen Grande Dame. Noch strahlen die Hotelpaläste etwas vom Flair der Belle Époque aus, als das Westufer des Lago Maggiore gekrönte Häupter, Geldadel und berühmte Künstler anzog. So schrieb Ernest Hemingway hier den Roman »In einem anderen Land«, der die dramatische Flucht aus dem Kriegsland Italien über den Lago Maggiore in die Schweiz schildert.

Zeitlos schön ist der Blick über den See vom **Lungolago,** der Uferpromenade. Im Blickfeld erscheinen die Isole Borromee und am gegenüberliegenden Ufer der Monte Tamaro (1962 m).

INFO

Ufficio Turistico Città di Stresa
• Piazza Marconi 16 | 28838 Stresa
   Tel. 0323 31308
   www.stresaturismo.it

HOTELS

Grand Hotel des Iles Borromees €€€
Elegantes Luxushotel mit viel Grandezza in einem schönem Park direkt an der Seestraße. Zwei Swimmingpools, Tennisplätze, eigener Bootsanleger, Wellnesscenter.
• Corso Umberto I 67 | 28838 Stresa
   Tel. 0323 938938
   www.borromees.it

Hotel Residence La Luna
nel Porto €€–€€€
Charmante Villa mit modernem Innenleben, in perfekter Lage. Die geräumigen Studios und Appartements mit separatem Wohnraum und Kitchenette sind auch ideal für Familien geeignet. Im Winter geschl.
• Corso Italia 60 | 28838 Stresa
   Tel. 0323 934466
   www.lalunanelporto.it

RESTAURANTS

Piemontese €€–€€€
Beste piemontesische Küche. Zu empfehlen ist die Muskatellerschaumcreme, die quasi auf der Zunge zerschmilzt. Mo und Dez–Jan. geschl.
• Via Mazzini 25 | 28838 Stresa
   Tel. 0323 30235
   www.ristorantepiemontese.com

Gigi Bar Pasticceria €
Hier bekommt man die feinsten Margheritine, erlesenes Buttergebäck, eine Spezialität aus Stresa.
• Corso Italia 30 | 28838 Stresa

AKTIVITÄTEN

Golfclub Des Iles Borromées
18-Loch-Platz 3 km südlich von Stresa mit anspruchsvollem Kurs und einzigartigem Panorama. Nov.–März geschl.
• 28833 Brovello-Carpugnino
   Tel. 0323 929285
   www.golfdesilesborromees.it

AUSFLUG ZUM MONTE MOTTARONE 17 📖 A4

Stresa hat mit dem Monte Mottarone auch ein attraktives Hinterland. Das Bergland zwischen Lago Maggiore und Ortasee ist ein lohnendes Wanderrevier. Und sollte es einmal regnen, wartet im 8 km von Stresa entfernten **Gignese** am Ortseingang das **Museo dell'Ombrello e del Parasole,** das Schirmmuseum, mit z. T. sehr originellen Exponaten auf Besucher (Ostern–Sept. Di–So 10–12 u. 15–18 Uhr, Kassenschluss 17 Uhr; Via Golf Panorama 2, Tel. 0323 89622).

Nördlich von Gignese bietet die Villensiedlung **Alpino** (768 m) einen herrlichen Blick über die Borromäische Bucht. Im zauberhaft gelegenen **Giardino Botanico Alpinia** kann man unzählige Alpenpflanzen studieren (April–Ende Sept. tgl. 9.30–18 Uhr; Via Alpinia 22, www. giardinobotanicoalpinia.altervista. org). Dort ermöglicht auch die große Seilschwebebahn einen Zwischenstopp bei der Auffahrt von Stresa zum Gipfel des **Monte Mottarone** (1491 m; Fahrplan/-preise: www.stresa-mottarone.it bei »Funivia«). Die beliebte Aussichtsterrasse ist alternativ über eine kurvenreiche und gut ausgebaute Mautstraße (21 km) zu erreichen. Im Winter sind im Gipfelbereich Skifahrer und Snowboarder unterwegs, im Sommer preschen Downhillbiker mit dem Drahtesel zur Talstation hinab (Mountainbike-Verleih in Verbania: Ciclomania Barale, Corso Benedetto Cairoli 63, Tel. 0324 241203, www.ciclomania.com).

BORROMÄISCHE INSELN

18 B4

Die Isole Borromee gehören zu den beliebtesten Ausflugszielen am Lago. Für den Besuch der drei öffentlich zugänglichen Inseln – Isola Bella, dei Pescatori und Madre – sollte man sich mindestens einen halben Tag Zeit nehmen). Die vierte im Bunde, die **Isola San Giovanni,** befindet sich in Privatbesitz.

INFO

Isole Borromee

• 28838 Stresa | Tel. 0323 30556
  www.isoleborromee.it

SCHIFFFAHRT

Die Borromäischen Inseln erreicht man mit Schiffen und Tragflächenbooten ab Stresa, Baveno und Verbania-Pallanza (keine Autos; Tel. 0322 233200, www.navigazione laghi.it).

ISOLA BELLA ⭐ B4

Die Isola Bella galt bereits zur Barockzeit als sogenanntes Weltwunder. Die Idee, dem felsigen Eiland die Form eines Schiffs zu geben, stammt vermutlich von Antonio Crivelli aus Ponte Tresa, der um 1620 im Auftrag von Carlo Borromeo III. und dessen Gattin Isabella d'Adda mit der Umgestaltung der damaligen Isola Inferiore zum »Gesamtkunstwerk« begann. An der Planung des Palastes war auch der berühmte Carlo Fontana beteiligt.

Der **Palazzo Borromeo** ist üppig ausgestattet; man kann u. a. den Napoleon-Saal (hier schlief der gebürtige Korse 1797), den Gobelin-Saal und den Luca-Giordano-Saal (mit drei Gemälden des großen Neapolitaners) besichtigen, ferner die sogenannten »Grotten«, sechs mit Marmorbüsten und archäologischen Fundstücken (u. a. neolithischer Einbaum, Artefakte der Golasecca-Kultur und römische Keramik) dekorierte Räume (Mitte März–Mitte Okt. tgl. 9–17.30 Uhr). Doch den weit stärkeren Eindruck hinterlässt der Park. Seine terrassenförmige Anlage ist ein Wunderwerk barocker Gestaltungsfreude. Hier wird die Natur zum Gesamtkunstwerk: terrassierte Grünflächen, begrenzt von Blumenrabatten, Bäumen und Ziersträuchern, hier und da kleine Wasserspiele, die bei Sommerhitze Erfrischung versprechen, dazwischen stolzierende Pfauen, barocke Prachtarchitektur – die Welt auf der Isola Bella ist jeder profanen Wirklichkeit enthoben und stimmt auch heute noch heiter.

Das Teatro Massimo im Barockgarten des Palazzo Borromeo auf der Isola Bella

ISOLA DEI PESCATORI B4

Etwas aufdringlich wird das »Geschäft mit der Schönheit« auf der benachbarten Fischerinsel, der Isola dei Pescatori, betrieben. Die Kulisse dieser Insel ist überaus malerisch, das Gedränge in den engen Gässchen entsprechend groß, die Preise in den zahlreichen Fischlokalen oft höher als die Qualität der angebotenen Speisen.

RESTAURANT

Casabella €€

Das Restaurant serviert direkt an der Uferfront vor allem gute Fischgerichte.

› mehr S. 14 Punkt ⑮

• Via del Marinaio 1 | Isola dei Pescatori 8838 Stresa | Tel. 0323 33471 www.isola-pescatori.it

ISOLA MADRE B4

Eine paradiesische Flora kann man auch auf der Isola Madre, der größten der vier Inseln, bewundern. Sie gehört dem Mailänder Grafengeschlecht der Borromeo. Zum grünen Paradies wurde sie erst im 19. Jh., als Graf Vitalino Borromeo sie nach Art englischer Gärten umgestalten ließ. Im **Palazzo Borromeo,** einem stilvollen Bau des 16. Jhs., fasziniert eine Sammlung historischer Puppen und das Puppentheater der Gräfin Borromeo (Mitte März–Mitte Okt. tgl. 9 bis 18.30 Uhr).

LAGO D'ORTA ⑲ ⭐ A4/5

Ganz im Schatten des Lago Maggiore liegt der kleinere, aber ruhigere Ortasee im Piemont. Der von den Römern *Lacus Cusius* genannte See liegt auf 290 m Höhe, ist gut 13 km lang, durchschnittlich 1,5 km breit und misst an seiner tiefsten Stelle 143 m. Ganz im Gegensatz zu der lieblichen Hügellandschaft, die ihn umgibt, ragen im Hinterland die

Schmuckstück im Lago d'Orta ist die Isola di San Giulio

markanten Bergketten der Valstrona und Val d'Ossola mit ihrem herbalpinen Charakter steil auf.

ORTA SAN GIULIO A4

Romantisch in die Landschaft eingebettet ist das Städtchen mit seinem vorgelagerten Inselchen San Giulio. Man parkt oberhalb des Ortes und steigt dann durch eines der engen, steilen Gässchen hinab zum See. Dort liegt die Piazza Motta, das von mittelalterlichen Bauten umrahmte Zentrum von Orta San Giulio. Prachtstück an dem Platz ist der **Palazzo della Comunità,** ein Renaissancebau von 1582 mit offenen Arkaden im Erdgeschoss, Außentreppe und zierlichem Glockenturm. Von der Piazza Motta aus führt ein schöner Weg am See entlang um die Halbinsel.

INFO
Ufficio IAT Orta San Giulio
• Via Panoramica 1
  28016 Orta San Giulio
  Tel. 0322 905163
  www.lagodortaturismo.it

HOTELS
Villa Crespi €€€
Die 1879 im maurischen Stil erbaute Villa hat nur 6 Zimmer und 8 Suiten. Sie sind mit elegantem Interieur und modernem Komfort ausgestattet, der Service lässt nichts zu wünschen übrig. Das Gourmetrestaurant ist mehrfach ausgezeichnet.
• Via G. Fava 18 | 28016 Orta San Giulio
  Tel. 0322 911902 | www.hotelvillacrespi.it

Aracoeli €€

Kleines Designerhotel in der Ortsmitte, dessen Zimmer sehr unterschiedlich gestaltet sind und Namen literarischer Werke tragen.

- Piazza Motta 34
  28016 Orta San Giulio
  Tel. 0322 905656
  www.orta.net/aracoeli

RESTAURANT

Ristoro Olina €€

Traditionelle Küche mit hausgemachten Spezialitäten, auch vegetarisch. Tgl. 12–14 u. 19–21.30 Uhr.

- Via Olina 40 | 28016 Orta San Giulio
  Tel. 0322 905814

ISOLA DI SAN GIULIO ▮ A4

Das gerade 3 ha große Eiland im See wird dominiert vom ehemaligen Bischofspalast und dem Campanile der **Basilica di San Giulio**. Das bestehende Gotteshaus ist im Wesentlichen ein Bau der Romanik, im Inneren überrascht ein Stilmix verschiedener Epochen. › mehr S. 17 Punkt ㉛ Die vorzüglich erhaltene romanische Kanzel aus schwarzem Marmor (um 1140) ist das kostbarste Kunstwerk der Kirche. Die Fresken stammen aus der Zeit zwischen dem 14. und 16. Jh.

RESTAURANT

Ristorante San Giulio €€

Hier diniert man im Speisesaal aus dem 18. Jh. oder auf der Terrasse mit Blick über den See. Abends privater Fährservice. Di geschl.

- Via Basilica 4 | 28016 Orta San Giulio
  Tel. 0322 90234
  www.ristorantesangiulio.com

SCHIFFFAHRT

Fährverkehr von Orta San Giulio, in den Sommermonaten ca. alle 30 Min. per Linienboot (12.25–14 Uhr Mittagspause; www.navigazionelagodorta.it).

SACRO MONTE D'ORTA ▮ A4

Dem Heiligen Franz von Assisi ist die UNESCO-Weltkulturerbestätte Sacro Monte von Orta geweiht. Nach dem Vorbild in Varallo (Val Sesia, 27 km von Omegna) wurde dieser »heilige Berg« als Bastion gegen die Reformation angelegt. Wie in Varese › S. 94 sind auch hier die Kapellen ausgemalt und mit Terrakottafiguren ausgestattet. Die insgesamt 20 Kapellen (1591–1788) thematisieren auf volkstümliche Weise Szenen aus dem Leben des hl. Franz und den Leidensweg Christi. Entworfen wurden die meisten Kapellen vom Kapuzinermönch Cleto.

Vom Sacro Monte hat man einen herrlichen Ausblick auf das Westufer des Ortasees (tgl. 9–16.30, Sommer 8.30–18.30 Uhr, Eintritt frei; Via Sacro Monte 6, www.sacro monte-orta.com)

VACCIAGO DI AMENO ▮ A5

Wer sich für moderne Kunst interessiert, der wird einen Abstecher einplanen und in Vacciago di Ameno die **Collezione Calderara di Arte Contemporanea** besuchen. Sie präsentiert rund 60 Werke des Mailänder Malers Antonio Calderara (1903–1978), dessen Hauptmotiv auch der Lago d'Orta war, sowie etwa 270 Arbeiten von befreundeten Zeitgenossen des Künstlers aus aller Welt (Di–Fr 15–19, Sa/

So 10–12 u. 15–19 Uhr, Eintritt frei; Tel. 02 76281211, www.fondazione calderara.it)

OMEGNA A4

Die größte Stadt am Lago d'Orta gilt als Mekka moderner Schnäppchenjäger. Aus der Metall verarbeitenden Industrie des 19. Jhs. ging die Produktion legendärer Haushaltsgeräte hervor. Besuchen Sie zuerst das **Forum di Omegna** und bewundern dort alte Kaffeemühlen und Espressokocher (Di–So 15–18 Uhr, Eintritt frei; Parco Maulini 1, Tel. 0323 866141, www.forumomegna.org). › mehr S. 18 Punkt **37** Anschließend kann man sich dem Alessi-Fabrikverkauf widmen.

Von Omegna lohnt ein kurzer Abstecher zum Bergdorf **Quarna Sotto.** Dort werden traditionell Blasinstrumente gefertigt, was auch das lokale **Museo di Storia Quarnese** dokumentiert (Di–Fr 14–19, Sa/So 10 bis 12 u. 15–19 Uhr; Via Roma 7, www.museoquarna.it).

SHOPPING
Alessi Outlet
Im Fabrikverkauf findet man stark reduzierte Designerstücke für Tisch, Küche, Bad, Bar, Büro etc. Tgl. 10–18.30 Uhr.
• Via Privata Alessi 6
28887 28887 Crusinallo di Omegna
Tel. 0323 868611 | www.alessi.com

Lagostina
Bietet wertiges Edelstahlgeschirr, -besteck etc. im Fabrikverkauf in großer Auswahl. Di–So 10–13 u. 14–19, Mo nur 14–19 Uhr.
• Via IV Novembre 37 | Tel 0323 865058
28887 Omegna | www.casalagostina.it

ARONA 20 B5

Arona (14 000 Einw.) ist uralter Kulturboden. Bedeutende prähistorische Funde, u. a. aus der sog. Golasecca-Kultur, deren Anfänge ins 12. Jh. v. Chr. datiert werden, belegen eine weit zurückreichende Siedlungsgeschichte. Exponate von der Bronzezeit bis zur Renaissance aus Arona und Umgebung präsentiert das **Museo Civico Archeologico** beim Rathaus (Di 10–12, Sa/So 15.30–18.30, Eintritt frei; Piazza S. Graziano 36, www.archeomuseo.it).

Wohl seit dem 10. Jh. dürfte der **Burgfelsen** über der Stadt befestigt gewesen sein. Im Spätmittelalter wurde die Anlage ausgebaut, doch Napoleon ließ die Feste schließlich schleifen. Feinde in der Ferne will hier schon lange keiner mehr erspähen, Sinn und Zweck des Aufstiegs ist der grandiose Seeblick.

Für Kunstfreunde lohnen auch die Kirchen einen Besuch: Die Pfarrkirche **Santa Maria Nascente** (15./17. Jh.) im unteren Stadtteil wurde im 19. Jh. umgestaltet. **Santi Martiri** an der Piazza San Graziano vereinigt im Kern romanische Bauformen, in der Fassade gibt sie sich barock und im Innenraum klassizistisch (Madonna von Bergognone, 15. Jh.). Die **Madonna di Piazza** an der Piazza del Popolo wird Pellegrino Tibaldi (1592) zugeschrieben.

Sehenswert ist die in einem schönen Garten eingebettete **Villa Ponti**, die als Galerie für Wechselausstellungen dient. Der flämische Händler Bartolomeo Pertossi gab die Villa Ende des 18. Jhs. in Auftrag.

Die Kirche Santi Martiri an der Piazza San Graziano in Arona

Später lebte dort der Assistent des amerikanischen Erfinders und Geschäftsmanns Thomas Alva Edison, Giangiacomo Ponti, dessen Familie die Villa im neoklassizistischen Stil umbauen ließ (Via S. Carlo 63).

Südlich von Arona, im **Parco Naturale dei Lagoni di Mercurago,** begegnet man restaurierten Gräbern aus der Bronze- und Eisenzeit sowie prähistorischen Pfahlbauten-Funden – Teil des UNESCO-Weltkulturerbes im Alpenraum –, einer reichen Vogelwelt und Vollblutpferden. Der Rundgang beginnt bei der Parkverwaltung in Mercurago (Via Gattico 6; Naturpark immer geöffnet, Infozentrum Mo–Fr 10 bis 12, Di/Do auch 17.15–18.15 Uhr; Tel. 0322 240239).

Auf einer Anhöhe über dem Ort thront die riesige **Kolossalstatue** des berühmten Sohnes der Stadt, **San Carlo Borromeo,** als dessen Wahrzeichen. ›mehr S. 17 Punkt ㉘

1697 konnte das überdimensionale Denkmal erstmals bestiegen werden und war – bis zum Bau der »Liberty« in New York – fast 200 Jahre lang die größte von innen begehbare Statue der Welt (Wendeltreppe und Leiter; Ende März bis Mitte Okt. Mo–Sa 9–12, 14–18, So 9–18, Mitte Okt.–Ende Nov. Sa/So 9–12.30 u. 14–16.30, Dez. nur So 9–12.30 u. 14–16.30 Uhr, Jan.–Febr. geschl.). In der benachbarten Kirche zeigt eine kleine Ausstellung Utensilien des Heiligen.

INFO

Ufficio del Turismo di Arona
● Largo Pietro Vidale | 28041 Arona
  Tel. 0322 243601
  www.comune.arona.no.it

RESTAURANTS

Enoteca Il Grappolo €€
Die Enoteca mit Ausschank bietet einen köstlichen Imbiss mit piemontesischen

Wurst- und Käsespezialitäten, dazu hervorragende Weine und hausgemachte *dolci*.
> mehr S. 15 Punkt **21** Ab 16 Uhr, Sa/So ab 12 Uhr bis in die Nacht hinein, Di geschl.

- Via Pertossi 7 | 28041 Arona
  Tel. 0322 47735
  www.ilgrappoloarona.it

Hostaria al Vecchio Portico €€
Das rustikale Lokal in schöner Altstadtlage serviert gute regionale Gerichte und Weine. Ab 12 Uhr bis Mitternacht.

- Piazza del Popolo 14 | 28041 Arona
  Tel. 0322 24010
  www.vecchioportico.it

La Ruga del Corso €
Die sympathische Trattoria im Zentrum von Arona bietet wechselnde Saisongerichte. Di geschl.

- Via C. Battisti 12 | 28041 Arona
  Tel. 0322 44196
  www.larugadelcorso.com

SESTO CALENDE **21** B5

Das *Sextum Calendarum* der Römer wird als Industrieort meist durchfahren. Die Gegend war bereits in prähistorischer Zeit besiedelt, wovon man sich im **Civico Museo Archeologico** (Archäologischen Stadtmuseum) überzeugen kann Stolz der Sammlung sind Fundstücke der Golasecca-Kultur. (Mo–Do 9–12.30 u. 14.30–16.30, Fr 9–12, So 15–18 Uhr, Mitte Juni bis Anf. Sept. Mo–Do 9–12.30, Mi/Do auch 15 bis 18, So 10–12 Uhr; Piazza Mazzini 1, Tel. 03 31 92 81 60).

Auf das frühe 12. Jh. geht die Kirche **San Donato** an der Straße nach Angera zurück. Die Vorhalle, einige Kapitele und Teile der Krypta sind romanisch, die Fresken in der Nordapsis stammen aus der Spätgotik, jene im Chor aus der Mitte des 18. Jhs.

Mit dem **Parco Lombardo della Valle del Ticino** wird eine grüne Oase geschützt. Der Ticino, der hier den Lago Maggiore verlässt, bildet in seinem weiteren Verlauf ein intaktes Biotop, Refugium für bedrohte Tier- und diverse Orchideenarten. Am besten lässt sich der Park mit dem Fahrrad erkunden.
> mehr S. 13 Punkt **11** 2 km nordöstlich von Sesto Calende befindet sich der Nordeingang mit dem **Centro Parco di Oriano** (Via Oriano, 51, Tel. 0331 913687, www.ilpiedeverde.it, www.parcoticino.eguide.it).

ANGERA **22** B5

Das lebhafte Städtchen liegt in der Bucht gegenüber von Arona. Hauptsehenswürdigkeit ist die Feste **Rocca di Angera,** deren markante Silhouette den Hügel hinter dem Ort krönt (Mitte März–Mitte Okt. 9–17.30 Uhr; Tel. 0331 931300, www.isoleborromee.it). Unter den teilweise kostbar ausgemalten Räumen ist die gotische Sala della Giustizia hervorzuheben, deren Wandmalereien (1314) den Sieg der Visconti über die Torriani feiern. Die Sala delle Cerimonie ist mit Fresken (15. Jh.) aus dem Mailänder Palazzo Borromeo ausgeschmückt, die 1946 hierher kamen. Vom Turm bieten sich neben einer weiten Aussicht, u. a. auf den Sacro Monte bei Varese und die Insel Partegora, auch

Seit dem Mittelalter völlig unversehrt wacht die Festung Rocca di Angera über die Stadt

stimmungsvolle Einblicke in den Burghof und auf den zinnenbekrönten Mauerring.

Nicht nur Kinder begeistern sich für das **Puppen- und Spielzeugmuseum** in der Burg. Zur ursprünglichen Sammlung der Prinzessin Bona Borromeo kamen später Schenkungen wie eine Sammlung japanischer Puppen der Edo-Periode dazu. So wuchs der Bestand auf mehr als 1000 Ausstellungsstücke aus drei Jahrhunderten an, das Museum zählt heute zu den besten seiner Art in Europa. Besonders beeindruckend sind die Puppenautomaten, deren Funktion in einem Film vorgeführt wird.

Die Burg steht auf uraltem Kulturboden. In der nahe gelegenen Höhle **Antro di Mitra** stieß man auf steinzeitliche Reste und Spuren des Mithraskultes (1./2. Jh.), eines östlichen Mysterienkultes um den persischen Lichtgott Mithras.

Im kleinen **Civico Museo Archeologico** von Angera sind prähistorische und römische Funde aus der Region ausgestellt. Die Sammlung ist in einem Palast im historischen Zentrum untergebracht, der ins späte 15. Jh. datiert (Mitte Mai bis Mitte Sept. Do 10–13, Sa/So 14.30–18.30, Mitte Sept.–Mitte Dez. u. Febr.–Mitte Mai Mi/Do 10–13, So 14.30–18.30 Uhr, Eintritt frei; Via Marconi 2, Tel. 0331 931915).

INFO

Ufficio IAT di Angera
- Piazzale della Vittoria 2
  Tel. 0331 931915 | www.angera.it

HOTEL

Hotel Ponti e Ponti €€
Behagliches Haus in der Altstadt, zeitgemäßer Standard, mit Spa und Seeblick.
- Piazza Garibaldi 21 | 21021 Angera
  Tel. 0331 932016
  www.hotelpontieponti.it

RESTAURANT
Ristorante La Vecchia Angera €€

Das Restaurant im Hotel Pavone bietet eine gepflegte, authentische Regional-küche, zu der in dieser Gegend natürlich Fisch gehört. Do mittags geschl.

• Via F. Borromeo 14 | 21021 Angera
  Tel. 0331 930224 | www.hotelpavone.it

RANCO 23 📗 B4

Der kleine Ort hat zwar seine Hauptattraktion verloren, denn das Museo Ogliari zur Geschichte des Transportwesenes ist 2015 zum Luftfahrtmuseum Volandia am Flughafen Mailand-Malpensa um-gezogen. Dennoch kann man hier ein paar schöne Stunden am Ufer des Lago Maggiore verbringen, etwa beim Spaziergang durch den **Parco Golfo della Quassa.** Dort ragt mit dem Sasso Cavallazzo ein imposan-tes Exemplar unter den zahlreichen Findlingen Rancos aus dem Wasser.

RESTAURANT
Belvedere €€

Das Restaurant im gleichnamigen Hotel verwöhnt seine Gäste mit lokalen Spezial-itäten in Speisesälen mit Kamin und Traum-blick, auch von der Terrasse.

• Via Piave 11 | 21020 Ranco
  Tel. 0331 976609
  www.hotelristorantebelvedere.it

BREBBIA 24 📗 B4

Der kleine Ort bietet neben der se-henswerten romanischen Kirche **San Pietro e Paolo** (Ende 12. Jh.) eine Sammlung der ganz besonde-ren Art: Im **Museo della Pipa,** dem Pfeifenmuseum der Firma Brebbia, sind mehr als 30 000 Pfeifen aus di-versen Materialien, Epochen und allen Teilen der Welt ausgestellt. Da-runter finden sich Kalumet-Pfeifen der nordamerikanischen Indianer, die ersten französischen und engli-schen Holzpfeifen, Pfeifen aus Gips, Terrakotta, Meerschaum- und Por-zellan. Unter die Rubrik Kurioses fallen Pfeifen für Motorradfahrer, solche mit Teleskopmundstücken und Modelle mit zwei Köpfen. Rau-cher werden sich auch für die aktu-elle Produktion an Pfeifenköpfen aus Bruyère, dem harten, schön gemaserten Wurzelholz der Baum-heide, interessieren (April–Okt. auf Anfrage, gratis; Via Piave 21, Tel. 0332 770286, www.brebbiapipe.it).

SANTA CATERINA DEL SASSO 25 ⭐ 📗 B4

Beim kleinen Ort **Reno** signalisie-ren Hinweistafeln an der Uferstraße die kunsthistorisch bedeutende Wallfahrtsstätte Santa Caterina del Sasso, ursprünglich eine Einsiede-lei, später ein Pilgerziel. Die mehr-fach umgebaute und erweiterte alte Katharinenkirche (13.–17. Jh.) be-saß eine wertvolle spätgotische Aus-malung; der kleine Kreuzgang des Klosters war mit Totentanzfresken geschmückt. Die spärlichen Reste wurden restauriert (April–Okt. tgl. 9–12 u. 14–18, März nur bis 17, Nov.–Febr. nur Sa/So/Fei 9–12 u. 14–17 Uhr; Via S. Caterina 5, Tel. 0332 647172, www.santacaterinadel sasso.com)

LAVENO 26 ▮ B4

Von dem an einer kleinen Bucht direkt am Seeufer gelegenen Ort bietet
sich ein schöner Blick auf den Borromäischen Golf und über das Tal
des Toce (Ossola) bis zu den Vier-
tausendern der Mischabel-Gruppe
in den Walliser Alpen.

Laveno, dessen Gemeindegebiet
auch die Ortsteile Mombello und
Cerro umfasst, ist stark von der Industrie geprägt. Auf eine lange Tradition kann dabei die Keramikin-
dustrie zurückblicken. Das **Museo
Internazionale Design Ceramico
Civica Raccolta di Terraglia** dokumentiert die Entwicklung des 1856
eingeführten Handwerks (Fr–So
14–19, Sa auch 10–13 Uhr; Via Lungolago Perabò 5, Tel 0332 62 55 51,
www.midec.org).

Der **Sasso del Ferro** (1062 m) ist
von Laveno aus bequem mit einer
Seilbahn erreichbar (März–Okt.
Mo–Fr ab 11, Sa/So ab 10 Uhr, letzte
Abfahrt Sa/So 22.30, Mo–Fr 18.30
Uhr bzw. später für Gäste, die im
Restaurant auf der Bergstation
gebucht haben; Tel. 0332 668012,
www.funiviedellagomaggiore.it).

Von der Bergstation am Poggio
Santa Elsa (974 m) ist es zu Fuß nur
noch ein kleiner Spaziergang zum
höchsten Punkt (20 Min.). Von dort
eröffnet sich ein weites Panorama
auf die Alpenkette, aus welcher der
schneebedeckte Gipfel des Monte
Rosa (4634 m) herausragt. Ein mar-
kierter Weg führt über die **Sella
delle Casere** (749 m) hinab nach
Laveno, eine lohnende Talwande-
rung von eineinhalb Stunden.

Kirche Santa Caterina del Sasso

HOTEL/RESTAURANT

Il Porticciolo €€

Schmuckes kleines Hotel direkt am See,
das seine Gäste entweder in der haus-
eigenen Osteria (€€) oder im ziemlich
edlen Restaurant (€€€) verköstigt.

• Via Fortino 40
21014 Laveno-Mombello
Tel. 0332 667257
www.ilporticciolo.com

LUINO 27 ⭐5 ▮ C3

Das lebhafte Industriestädtchen
(14 800 Einw.) und wirtschaftliche
Zentrum des lombardischen See-
ufers, von den Römern unter dem
Namen Luvinum gegründet, gilt als
Geburtsort des Renaissancemalers
Bernardino Luini (um 1480–1532).

Wer hier aber sein Hauptwerk sucht, der wird enttäuscht werden. Lediglich die kleine Kirche **San Pietro in Campagna** bewahrt ein Luini zugeschriebenes Fresko. Von den Umbauten des 17./18. Jhs. blieb nur der romanische Glockenturm verschont. Luinis Schüler statteten dagegen im 16. Jh. die Kirche **Madonna del Carmine** (15. Jh.) mit Kapellenfresken aus.

Im **Museo Civico** sind neben einer kleinen Gemäldegalerie archäologische Funde aus der Umgebung, Mineralien und Fossilien zu sehen (Mi 8–12 u. 14.30–18.30, Sa. 8–12 Uhr, Eintritt frei; Viale Dante 6).

Ehrenbürger der Stadt war der am 13.10.2016 verstorbene Literatur-Nobelpreisträger Dario Fo. Der große Satiriker, Theaterautor und -regisseur verbrachte in Luino seine Jugendjahre und lebte hier auch noch einige Zeit mit seiner Frau, der ebenfalls (links-)politisch engagierten Schauspielerin und Autorin Franca Rame (1929–2013).

Luinos Hauptattraktion ist der große **Wochenmarkt** mit einer Riesenauswahl von regionalen Spezialitäten bis Kleidung, der jeden Mittwoch zwischen der Uferpromenade und der Piazza Garibaldi stattfindet – Verkerschaos inklusive.

HOTEL

Camin €€€

13 elegante Zimmer in einer liebevoll restaurierten Belle-Époque-Villa, umgeben von einem schönen Park.

• Viale Dante 35 | 21016 Luino
  Tel. 0332 530118
  www.caminhotelluino.com

RESTAURANTS

Pasticceria Rota €

Die Patisserien bei Rota sind einfach verführerisch! Wem nicht nach kleinen mit Vanillecreme oder Kaffeecreme gefüllten Kuchen oder Obsttörtchen ist, der kann an der Bar zu einem Prosecco die Pizza kosten. Einfach, aber lecker!

• Via XV Agosto 26 | 21016 Luino

Ristorante Sibilla €

Hier lohnt sich die Einkehr vor allem wegen der Holzofenpizza. Mo geschl.

• Via XXV Aprile | 21016 Luino
  Tel. 0332 531001

AGRA 28 ■ c3 UND DER MONTE LEMA 29 ■ c3

Agra ist ein beliebter Ferienort in schöner Lage über dem Eingang in das herb-wilde Val Veddasca, dessen faszinierende umgebende Gipfelflur lohnende Wanderziele bietet.

Ein solches ist der 1624 m hohe **Monte Lema** auf der Grenze zum Tessin. Markierte Wege führen von **Dumenza** (411 m; 2¾ Std.) und **Curiglia** (670 m; 2½ Std.) zum Gipfel. Wer kurvenreiche Bergsträßchen nicht scheut, kann bis zum **Rifugio Campiglio** (1184 m) hinauffahren. Ab dort sind es noch 1½ Std. Aufstieg zum Gipfel. Auf diesen fährt vom Tessiner Migliegla › S. 107 aus auch eine Seilbahn.

RESTAURANT

Il Camoscio €€

Tief im Val Veddasca liegt das urige Restaurant. Neben hausgemachten Wurstspezialitäten und Gnocchetti isst man hier vor allem Wildgerichte wie Hirschsteak mit Steinpilzen und Wildschwein mit Polenta. Produkte aus der lokalen Käserei schließen den Magen. Im Winter nur Sa/So/Fei, sonst tgl. außer Mi, Juli/Aug. kein Ruhetag; geöffnet ist i. d. R. nur mittags, abends nach Voranmeldung.

- Via Nostra Signora della Serta
  21010 Curiglia con Monteviasco
  Tel. 0332 573366
  www.ristorante-monteviasco.it

MACCAGNO 30 ▮ C3

An der Mündung des Veddasca-Tals liegt der Ferienort Maccagno. Das Städtchen war jahrhundertelang reichsunmittelbar. Damit verbundene Privilegien sollen auf Otto I. zurückgehen, der 962 auf seinem zweiten Italienfeldzug bei dem Grafen Mandelli in Maccagno Gastfreundschaft genoss. Erst im Jahr 1718 bereiteten die Borromäer diesem Sonderstatus ein Ende.

Architektonischer Blickfang ist heute das **Civico Museo Parisi Valle,** ein Museum für zeitgenössische Kunst. 1998 fertiggestellt, spannt es sich als avantgardistisches Bauwerk über den Fluss Giona, der den Ort in zwei Teile gliedert. Die Sammlung geht zurück auf die Idee eines dezentralen Kulturzentrums, in dem der dort geborene Künstler Giuseppe Vittorio Parisi heute seine Sammlung von gut 2000 Grafiken sowie zwei- und dreidimensionalen Arbeiten zur Schau stellt. Darunter befinden sich eigene Werke sowieitalienische Kunst aus dem 20. Jh. (Juni–Sept. Do–So 10–12 u. 15–19, Okt.–Mai Fr–So 10–12 u.

14.30–18.30 Uhr, Eintritt frei; Via Leopoldo Giampaolo 1, Tel. 0332 561202, www.museoparisivalle.it)

INDEMINI 31 ▮ C3

In der Schweiz, nicht weit von der italienischen Grenze entfernt, liegt im oberen Val Veddasca der heute fast verlassene Bergweiler (939 m, 60 Einw.) mit seinen eng zusammenstehenden Häusern. Es ist ein beliebtes Ausflugsziel. Dass im Zuge der Entvölkerung der südlichen Alpentäler eine erhaltenswerte Kultur verschwindet, macht die pittoreske Kulisse, die Indemini abgibt, leicht vergessen. Etwas außerhalb steht die 1505 urkundlich erwähnte, im 19. Jh. umgebaute **Pfarrkirche San Bartolomeo.**

BERGSTRASSE NACH VIRA

Folgt man der Straße Richtung Vira, gelangt man über ein Kurvenkarussell mit grandiosen Ausblicken zur Passhöhe **Alpe di Neggia** (1395 m) einem hervorragenden Wandergebiet. › mehr S. 14 Punkt ⓮ Umfassend ist das Panorama am Gipfel des Monte Gambarogno (1734 m), der von von der Passhöhe aus direkt (1 Std.) oder im Rahmen eines Rundweges (zurück über die Kapelle Sant'Anna, 10 km, 4 Std.) bestiegen werden kann.

Ebenfalls auf gut markierten Wanderwegen ersteigbar ist einer der schönsten Tessiner Aussichtsberge, der **Monte Tamaro** (1962 m;

1¾ Std.). Unterhalb des Tamaro-Gipfels, auf der Alpe Foppa, konzipierte der Stararchitekt Mario Botta die Kirche **Santa Maria degli Angeli,** einen strengen, festungsartigen Bau, der sich mit seinen Rundungen und Treppen effektvoll in die schroffe Bergwelt einfügt. › mehr S. 15 Punkt **22** Aus schweren Bruchsteinen hat Botta zudem eine Art Prozessionsweg geschaffen, eine Kombination aus Brücke, Burg und Belvedere.

VIRA **32** ▮ C2

Der kleine Ort ist ältestes Siedlungszentrum der Region. Die im 6./7. Jh. gegründete Pfarrkirche **San Pietro** steht auf einer Terrasse unmittelbar am Ufer. Ihre heutige Gestalt erhielt sie erst zu Anfang des 19. Jhs. Aus dem 16. Jh. ist noch ein schöner Renaissance-Taufstein erhalten. Vira eignet sich wie die übrigen Gemeinden des Gambarogno gut für einen längeren Ferienaufenthalt. Insbesondere von den höher gelegenen Dörfern genießt man einen wunderbaren Ausblick auf das obere Lago-Maggiore-Becken.

HOTEL

Albergo Sass da Grüm €€

Das Hotel westlich von Vira ist nach baubiologischen Prinzipien errichtet und nur zu Fuß zu erreichen. Vom Parkplatz oberhalb läuft man ca. 15 Min., das Gepäck kommt mit der Materialseilbahn. Ruhe und Entspannung sind garantiert. Ende März bis Mitte Okt.
• 6575 San Nazzaro | Tel. 091 7852171
  www.sassdagruem.ch

RESTAURANT

Ristorante Rodolfo €€–€€€

Sehr feine und kreative saisonale Küche, serviert in einem ehemaligen Kloster. Mo/Di geschl., Mi–So ab 18.30 Uhr.
• Via Cantonale 68
  6574 Vira-Gambarogno
  Tel. 091 7951582

PARCO BOTANICO DEL GAMBAROGNO **33** ▮ C2

Nördlich der Ortschaft Gamboragno, zwischen Piazzogna und Vairano, finden Blumenfreunde einen prachtvollen Botanischen Garten. 1955 gegründet, hat der Gärtner Otto Eisenhut auf einem Hügel auf über 17 000 m² rund 450 Sorten Magnolien, 950 Kamelien und rund 400 Sorten Azaleen, dazu Rhododendren, Pfingstrosen und exotische Nadelbäume gepflanzt. Vor allem zur Zeit der Magnolien- und Kamelienblüte (März/April) zeigt sich ein farbenprächtiges Blütenmeer (geöffnet ganzjährig tgl. 9 bis 18 Uhr; Via Parco Botanico 21, San Nazzaro, Tel. 91 7597704, www.parcobotanicogambarogno.ch).

MAGADINO **34** ▮ C2

Die Stadt liegt am oberen Ende des Lago Maggiore, unweit der Mündung des Ticino, wo sich auch ein gepflegter öffentlicher **Strand** befindet. Wahrzeichen des Ortes, der im Mittelalter als Hafen und Warenumschlagplatz bedeutend war, ist die weithin sichtbare **Pfarrkirche,** ein spätklassizistischer Zentralbau

Im idyllischen Naturschutzgebiet Bolle di Magadino

(1847). Die Kirche bewahrt mehrere bedeutende Kunstwerke, darunter zwei Gemälde, die Bernardino Luini zugeschrieben werden (um 1512).

Zwischen Ticino- und Verzasca-Mündung erstrecken sich die **Bolle di Magadino,** ein Stück unberührter Natur. Mit seinen Schilfgürteln, Altwassern, Teichen, Sümpfen und Auwäldern bildet das Naturschutzgebiet ein einzigartiges Biotop, das einer reichen Flora und Fauna mit seltenen Vogelarten als Lebensraum dient. Es gibt Lehrpfade, eine kurze Wanderung (ca. 1 Std., 5 km) führt durch den Auwald an der Mündung des Ticino. › mehr S. 12 Punkt ❷ Sie wird zu einem besonderen Erlebnis, wenn man neben einem Fernglas etwas Zeit, Geduld sowie ein Vogelbestimmungsbuch mitbringt (www. bolledimagadino.com, mit Übersichtskarte zum Download).

VARESE 35 ▮ C4

Die lebhafte Provinzhauptstadt (81 000 Einw.), Ende des Mittelalters noch ein gänzlich unbedeutendes Nest, ist nicht unbedingt eine Stadt zum Urlaubmachen, aber durchaus typisch für das moderne Norditalien: in den letzten Jahrzehnten stark und teilweise recht ungezügelt gewachsen mit viel Industrie. Die Universitätsstadt besitzt aber auch viele schöne alten Villen sowie gepflegte Parks.

SAN VITTORE Ⓐ

Einen markanten Akzent im Stadtbild setzt der prächtige Barock-Campanile der Basilika San Vittore mit seiner stattlichen Höhe von 77 m. Nach Plänen des viel beschäftigten Mailänder Dombaumeisters Pellegrino Tibaldi errichtete der Baumeister Giuseppe Bernascone von 1580 bis 1615 eine schlichte Basilika im Renaissancestil, die 1788 jedoch eine kühl-klassizistische Fassade bekam.

Der Innenraum San Vittores ist mit Fresken lombardischer Meister ausgeschmückt. Gleich neben der Kirche hat sich das **Baptisterium**, ein romanischer Bau mit quadratischem Schiff und eingezogener Apsis, erhalten. Der Bau wurde um 1185 auf einem Vorgängerbau des 8./9. Jhs. errichtet. Der Innenraum bewahrt Freskenfragmente des 13./14. Jhs. sowie einen unvollendeten Taufstein aus dem 13. Jh.

San Vittore markiert das historische Zentrum der Stadt. Beim Bummel durch die alten Gässchen, die teilweise Lauben *(portici)* besitzen,

Varese

A San Vittore
B Palazzo Estense
C Museo Civico Archeologico
D Villa Panza
E Ville Ponti

kann man so manchen malerischen Winkel entdecken. Im Kontrast dazu steht die **Piazza Monte Grappa**, deren Bauwerke aus der Zeit zwischen 1927 und 1935 unverkennbar den Stempel faschistischer Architektur tragen.

PALAZZO ESTENSE B

Die Via Sacco führt nordwestlich der Piazza Monte Grappa zum Palazzo Estense, vom Italien des Duce direkt ins Österreich des 18. Jhs.: Palast und Park des heutigen Rathauses sind nach dem Vorbild des Wiener Schlosses Schönbrunn gestaltet. Nicht zufällig, denn der Bauherr, Francesco III d'Este, war kaiserlicher Statthalter der (damals österreichischen) Lombardei und gleichzeitig Herzog von Modena. Hier ist zwischen 1766 und 1773 allerdings nur ein »Mini-Schönbrunn« entstanden. Für eine repräsentativere Anlage fehlte wohl der Platz, vor allem aber das Geld. Die Gärten sind öffentlich zugänglich, der Palast nicht.

MUSEO CIVICO ARCHEOLOGICO C

Durch den schön angelegten Park mit Aussicht gelangt man rasch zur Villa Mirabello, in der das Archäologische Museum untergebracht ist. Zu besichtigen sind dort in der prähistorischen Abteilung römische und vorgeschichtliche Funde, die u. a. vom Lago di Varese stammen, eine naturkundliche Sammlung und eine Gemäldegalerie (Di–So 9.30–12.30, 14–18 Uhr; Piazza della Motta 4, Tel. 348 7959128).

BIUMO SUPERIORE

Varese ist von sieben Hügeln umgeben, die zwar nicht so bekannt sind wie die sieben Hügel von Rom, aber dank ihres angenehmen Klimas Aristokraten und reiche Mailänder zum Bau prunkvoller Villen animierten: Die **Villa Panza** ⓓ mit bedeutendem Museum für zeitgenössische Kunst, › unten, und die **Ville Ponti** ⓔ, drei Prachtbauten aus dem 19. Jh. (heute Veranstaltungs-/Kongresszentrum) in einem Landschaftspark, liegen beide auf dem Hügel von Biumo Superiore.

INFO

Ufficio IAT Varese
• Piazza Monte Grappa 5
  21100 Varese | Tel. 0332 281913
  www.varesecittagiardino.it

HOTELS

Palace Grand Hotel Varese €€–€€€
Umfassend renoviertes 4-Sterne-Haus aus dem Jahr 1913, eingebettet in einen Park. Man wohnt angenehm in stilvoll gestalteten Zimmern, in zentraler Lage.
• Via L. Manara 11 | 21100 Varese
  Tel. 0332 327100
  www.palacevarese.it

💬 KUNSTTEMPEL VILLA PANZA

Martin Puryear, Robert Irwin, Dan Flavin und James Turrell: bedeutende zeitgenössische amerikanische Künstler, deren Werke man wohl kaum in Varese erwartet hätte – wenn Graf Giuseppe Panza di Biumo (1923–2010) nicht gewesen wäre. Er gehörte sowohl zu den bedeutendsten als auch zu den geschäftstüchtigsten Sammlern von Gegenwartskunst. Sein Interesse galt vor allem der nordamerikanischen Kunst. Rund 2500 Arbeiten umfasst die Kollektion, die vielleicht wichtigste Europas, deren Exponate jedoch in der ganzen Welt verteilt sind (u. a. Lugano, Madrid, USA). In der Villa Panza sind ca. 160 Kunstwerke zu sehen. In den 1970er-Jahren reisten die bekanntesten Künstler aus Übersee an, um ihre Installationen hier auf dem Hügel oberhalb von Varese aufzubauen: Sol LeWitt, Richard Serra, George Segal und Donald Judd haben in der Villa Panza gearbeitet. Die Sammlung eröffnet dem Besucher ein neues Erlebnis des Sehens: etwa wenn Dan Flavins Neoninstallationen ein rosarotes Schattenspiel an den Wänden des lang gestreckten Flurs der Villa inszenieren oder einen ganzen Raum in Rot tauchen; oder wenn Robert Irwin einen langen, weißen Gang durch ein ebenfalls weißes Tuch unterteilt. Was zunächst wie eine massive Wand erscheint, wird zunehmend transparenter, ja fast nicht mehr existent und zeigt die Relativität unseres Sehens. Licht ist das große Thema der Künstler in der Villa Panza – ihre Reverenz an den Ort. Und wo kommen die monochromen Arbeiten von Phil Sims und David Simpson besser zur Geltung als im Kontrast zur altehrwürdigen Pracht der Säle, zu den prunkvollen Möbeln und den Deckenfresken?

Villa e Collezione Panza: Di–So 10–18 Uhr, 15 €, Kinder 7 €; Piazza Litta 1, Tel. 0332 283960, www.fondoambiente.it/luoghi/villa-e-collezione-panza

Villa Porro Pirelli €€–€€€

Sehenswerte historische Villa mit einzigartigem, exotischem Dekor, inspiriert von
den Reisen Gian Pietros, einem Spross der
Porro-Familie.

- Via E. Tabacchi 20 | 21056 Induno Olona
  Tel. 0332 840540
  www.villaporropirelli.com

RESTAURANTS

Il Gestore €€€

Feinschmeckerrestaurant in der Nähe der
Villa Panza. In der von einem Park umge-
benen Villa des 19. Jhs. wird in stilvollem
Ambiente traditionelle italienische Küche
geboten, Mo geschl.

- Viale Padre Gian Battista Aguggiari 48
  21100 Varese | Tel. 0332 236404
  www.ristoranteilgestore.com

Cascina Marianin €€

Landgasthof 7 km nördlich von Varese mitten in der Natur, der schmackhafte Küche
serviert. Mo–Mi geschl.

- Via Cantello | Località Cattafame
  21051 Arcisasate | Tel. 0332 474967
  www.cascinamarianin.it

Fabbrica Pizza €

In minimalistischem Ambiente wird nicht
nur Pizza serviert.

- Via G. Ferrari 5 | 21100 Varese
  Tel. 0332 232939
  www.fabbricapizza.com/varese

CAMPO DEI FIORI UND
SACRO MONTE ⭐ 36 📷 C4

Der **Campo dei Fiori** (1226 m), ein
lang gestreckter, größtenteils bewal-
deter Höhenrücken, ist der Haus-
berg von Varese. Rund 5400 ha da-

von mit artenreicher Flora und
Fauna sind als Naturschutzgebiet
ausgewiesen (**Parco Regionale**,
www.parcocampodeifiori.it).

Eine 11 km lange Straße führt auf
ihn hinauf bis zum ehemaligen
Grand Hotel (1033 m), einem Ju-
gendstilbau, der von einem großzügigen Park umgeben ist.

An den bewaldeten Hängen des
Monte Campo dei Fiori, nur wenige
Kilometer nördlich der Stadt, liegt
auch die Hauptsehenswürdigkeit
von Varese: der **Sacro Monte di
Varese.** Der Heilige Berg ist ein viel
besuchter Marienwallfahrtsort und
gehört, wie seine acht weiteren
Pendants in Norditalien – darunter
der in der Orta San Giulio › S. 70 – zum
UNESCO-Weltkulturerbe (www.
sacrimonti.net, www.unescovarese.
com). Das Pilgern zum Heiligen
Berg war zu den Zeiten, als das Volk
noch größtenteils aus Analphabeten
bestand, eine Art visueller Bibellehe-
re zur Weiterbildung. Die in den
Kapellen dargestellten Szenen gal-
ten als Bibel der Armen, des einfachen Volks, derjenigen also, die
nicht lesen konnten, aber Augen
hatten, um zu sehen und zu verstehen. Unter den Heiligen Bergen
Norditaliens ist der von Varese einzigartig in seiner architektonischen
Ausdruckskraft und in seiner for-
mellen Vollständigkeit.

Bei den 14 zwischen 1604 und
1680 im barocken Stil errichteten
Kapellen handelt es sich nicht um
einfache Bauten in traditioneller
Weise, sondern um einzelne Tempel
mit verschiedenen Grundrissen, deren Vorhallen von Kuppeln über-

dacht sind und das Licht durch die Laternen einlassen. Thema des etwa 2 km langen Wegs ist das Rosenkranzgebet, das in den 15 Mysterien in den Kapellen und in der Kirche dargestellt ist.

Der Aufstieg von der Prima Cappella (585 m), vorbei an der Bergstation der Standseilbahn (www.avtvarese.it), bis zur Kirche Santa Maria del Monte bietet unvergessliche Eindrücke: Kunst und Landschaft sind in größter Harmonie vereint. Dies ist auch der Architektur des aus Varese stammenden Baumeisters Giuseppe Bernascone, auch Mancino genannt, zu verdanken, der Anfang des 17. Jhs. die runden, vier- und achteckigen Kapellen entlang des Weges schuf.

Unweit der letzten Kapelle stößt man auf die **Villa Pogliaghi**. Umgeben von einem schönen Park dient sie heute als Museum mit Kunstwerken aus zwei Jahrtausenden (Mitte März–Mitte Nov. Sa/So/Fei 10–18 Uhr; Mobil-Tel. 328 8377206, www.casamuseopogliaghi.it).

Die Kirche **Santa Maria del Monte,** Mittelpunkt des 8 km von Varese entfernten Wallfahrtsortes, vereint Stilelemente von der Romanik bis zum Barock. Markant ist der wuchtige Campanile (tgl. 8–12 u. 14–18 Uhr; www.sacromontedivarese.it). Angeschlossen an den Wallfahrtsort ist das **Museo Baroffio.** Dieses zeigt neben archäologischen Funden, alten Handschriften und Goldschmiedearbeiten auch Gemälde lombardischer Meister des 17./18. Jhs. (Ende März–Anf. Nov. Di–Fr 14–18, Sa/So 10–18 Uhr;

Wallfahrtskirche am Sacro Monte di Varese

Piazzetta del Monastero, Tel. 0332 212042, www.museobaroffio.it).

VARESOTTO

Als Varesotto wird der südliche Teil der Provinz Varese zwischen Lago Maggiore im Westen und Comer See im Osten bezeichnet. (Info: www.vareselandoftourism.com).

Westlich von Varese sind die drei größeren Seen Lago di Varese, Lago di Monate und Lago di Comabbio beliebte Naherholungsziele.

LAGO DI VARESE 37 📘 C4/5

Der 8,5 km lange und bis 4 km breite See ist nicht tiefer als 26 m. Entsprechend sumpfig sind seine Ufer, was ihm eine Verbauung erspart hat. Gleichwohl gibt es viele Villen mit schönen Parks; in den Hügeln wird Wein angebaut. Kunstliebhaber entdecken rund um den See in **Voltorre** neben der Pfarrkirche San Michele einen romanischen Kreuzgang (um 1200) sowie die Kirche Santa Maria della Neve in **Travedona** (am Lago di Monate).

Südwestlich des Lago di Varese liegen zwei weitere Badeseen: der **Lago di Comabbio** (bis 8 m tief) und der **Lago di Monate** (bis 16 m tief). Der dritte im Bunde, der **Lago di Biandronno,** ist fast komplett verlandet.

Sowohl am Lago di Varese als auch am Lago di Monate wurden Reste von Pfahlbausiedlungen entdeckt. Einige Funde kann man im **Museo preistorico e area archeologica dell'Isolino Virginia** auf dem Inselchen im Lago di Varese besichtigen (Di–So 9.30–12 u. 14–17 Uhr; Tel. 0332 255482, www.unescovarese.com/Siti-palafitticoli). Zur Insel verkehrt die Fähre von Biandronno.

Weitere Funde von den Pfahlbausiedlungen sind in den archäologischen Museen von Varese, Como und Mailand ausgestellt.

VALCÚVIA 38 ▌ B/C4

Über **Gemonio,** dessen am Ortsausgang gelegene romanische Kirche San Pietro schöne Fresken aus dem 14.–16. Jh. bewahrt, gelangt man ins Valcúvia.

In **Casalzuigno** spiegelt die **Villa della Porta Bozzolo,** die im Kern aus dem 16. Jh. stammt, mit ihrem kunstvoll angelegten Garten den Glanz vergangener Zeiten wider. Die Gebäude wirken, als hätten die Bewohner sie eben erst verlassen (Mi–So 10–18 Uhr; Viale Camillo Bozzolo 5, Tel. 332 624136, ww.fondoambiente.it/luoghi/villa-della-porta-bozzolo).

Hinter der Ortschaft Casalzuigno fuhrt eine enge, kurvenreiche Straße hinauf nach **Arcumeggia** (570 m). Hier haben namhafte Maler ab 1956 die alte Technik der Freskomalerei wiederbelebt. An den Fassaden der (heute teilweise unbewohnten) Häuser versuchten sich Künstler wie Remo Brindisi, Aligi Sassu, Gianfranco Usellini, Achille Funi, Sante Monachesi, Giuseppe Migneco, Giuseppe Montanari, Cristoforo de Amicis und andere als Giotto-Nachfolger. Das originelle Ergebnis kann jeder besichtigen. Die Häuser des Ortes zieren mehr als 170 moderne Fresken. › mehr S. 12 Punkt ❶

In **Cuveglio** läuten die Glocken der Kirche San Lorenzo von einem romanischen Turm herab. Wer dem Hinweis »San Martino« folgt und 4 km steil bergauf zur Bergkuppe (1087 m; Partisanendenkmal) fährt, der kann an klaren Tagen bis zu den Schweizer Hochalpen blicken.

CASTIGLIONE OLONA 39 ▌ C5

Das Industriestädtchen im Tal der Olona wurde im 15. Jh. unter dem kunstsinnigen Kardinal Branda Castiglione (1350–1443) zu einem »Mini-Florenz« mitten in der Lombardei. Die Renaissancepalazzi zeigen jedoch nur noch einen Abglanz der einstigen Pracht.

Alte Kunst der Freskenmalerei mit jüngeren Motiven in Arcumeggia

Ähnlichkeit mit den Bauten Brunelleschis in Florenz zeigt die **Chiesa di Villa** (1422–1443). In der Tradition der lombardischen Gotik steht dagegen die **Collegiata** (1425), zu der man über einen idyllischen Weg hinaufsteigt. Auf der Lünette über dem Portal ist Kardinal Branda Castiglione zu Füßen Marias knieend abgebildet; sehenswert sind zudem die Fresken im Innern und die Wandmalereien im **Baptisterium**. Die Kirchen sind geöffnet: April bis Sept Di–So 10–13 u. 15–18, Okt. bis März Di–Sa 9.30–12.30 u. 14.30 bis 17.30, So 10–13 u. 15–18 Uhr, jeden 1. So im Monat durchgehend.

RESTAURANT

L'Osteria Degli Artisti €€
Hübscher Innenhof, gemütliche Gaststube, lombardische Spezialitäten. So Abend u. Mo geschl.

• Via Roma 40 | 21043 Castiglione Olona
  Tel. 0331 859021
  www.losteriadegliartisti.it

CASTELSEPRIO 40 ▮ C5

Das Ausgrabungsgelände östlich des Ortes (Zufahrt 1,5 km) dokumentiert vermutlich eine Gründung der keltischen Insubrer, die zum befestigten langobardischen Ort Sibrium ausgebaut wurde. Die daraus entstandene Kommune wurde 1287 von den Visconti zerstört.

Freigelegt wurden Reste einer Burg, von zwei Kirchen und einem Baptisterium, die heute im **Parco Archeologico di Castelseprio** zu besichtigen sind (Febr.–Okt. Di–Sa 8.30-19, Nov. nur bis 16, So 10–18, Nov. nur bis 16 Uhr, Eintritt frei; Via Castelvecchio 58, www.unescovarese.com/castelseprio).

Etwas abseits steht die vermutlich aus dem 7. Jh. stammende Kirche **Santa Maria foris portas,** die einen unvollständig erhaltenen Freskenzyklus mit typischen Episoden der byzantinischen Ikonographie birgt, der zu den Glanzstücken frühmittelalterlicher Kunst in Europa zählt.

LUGANER SEE

Frühsport auf der Seepromenade
von Lugano

Eingebettet zwischen Bergen, die fast ans Wasser reichen, ist der Luganer See mit seinem Zentrum Lugano eine vielseitige Urlaubsdestination mit mediterran-alpinem Ambiente und internationalem Schick.

Der Luganer See, oder *Ceresio,* ist mit einer Fläche von 48,9 km² der kleinste der drei großen Seen. Zu zwei Dritteln im Tessin gelegen, rücken die Bergmassive so nahe ans Ufer, dass kaum mehr Platz für Häuser oder Straßen bleibt. Dennoch ist das Gebiet um **Lugano** ein zersiedelter Ballungsraum, den die Gotthard-Autobahn als wichtigste Verkehrsachse durchschneidet.

Um die Stadt hat man die Natur gezähmt und die »zuckerhutförmigen« Hausberge durch Seilbahnen und Gipfelrestaurants erschlossen. Schmucke Villen erstrecken sich entlang der Hänge, Symbol für das geschäftstüchtige Lugano als bedeutendes Wirtschaftszentrum im südlichen Alpenraum und drittgrößtes Finanzzentrum der Schweiz.

Dies, das moderne Kongresszentrum und ein reges Kulturleben bringen weltstädtisches Ambiente an die Uferpromenade und in die autofreie, verwinkelte Altstadt mit ihren schicken Kaffeehäusern und ihrem mediterranem Lebensgefühl.

Hinzu kommt ein interessantes Umland: Gleich südlich der Stadt ragt die Halbinsel **Ceresio** in den See. In hübschen Orten wandelt man auf den Spuren Hermann Hesses und anderer Kunstschaffender, genießt das teilweise überlaufene Morcote in schönster Lage am See

oder besucht das Familienausflugsziel Melide, wo in einem Freizeitpark die Schweiz in Miniaturausgabe zu sehen ist.

Beschaulich zeigt sich hingegen das westlich von Lugano liegende **Malcantone,** ebenfalls eine alte Kulturlandschaft. (Kultur-)Wanderer begeben sich hier auf historische Spurensuche, bevor sie – als technische Steigerung – die Berge um das **Val Colla,** nördlich von Lugano, unter die Sohle nehmen. Dort finden Sie eine Fülle an Tages- und längeren Trekkingtouren. Allen Regionen gemeinsam sind die berühmten *Grotti* des Tessins, schattige Gastgärten unter Kastanien, in denen auf Steintischen deftige Landküche zu gutem Wein serviert wird.

Auf der Ostseite des Sees beginnt das **Mendrisiotto,** eine hügelige Moränenlandschaft. Es war einst nicht nur ein Kulturland mit Weinbau, sondern auch Geburtsort zahlreicher Baumeister, Architekten und anderer Künstler. Heute prägen im Gebiet von Balerna und Strabio Industrie und Verkehr das Bild, und die zersiedelte, mit Luftverschmutzung kämpfende »italienischste« Region der Schweiz erschließt sich dem Reisenden nur abseits der großen Verkehrsachsen: mit sehenswerten Kunstschätzen, charakteristischen Dörfern und Naturwundern.

TOUREN IN DER REGION

TOUR 4

KULT(O)UR
IM MENDRISIOTTO

> **ROUTE:** Lugano › Riva San Vitale › Mendrisio › Genestrerio › Ligornetto › Rancate › Campione › Lugano
>
> **KARTE:** Seite 101
> **LÄNGE:** Tagestour, 50 km
> **PRAKTISCHER HINWEIS:**
> • Die vorgeschlagene Route kann in dieser Form als Tagesausflug nur per Auto durchgeführt werden.

TOUR-START:

Fahren Sie in **Lugano** 1 früh los, um Zeit für die Kunst des Mendrisiotto zu haben. Erster Halt ist **Riva San Vitale** 19 › S. 113, wo mit Santa Croce eine der schönsten Kirchen und mit dem Battisterio San Giovanni der älteste Kirchenbau der Schweiz stehen. Auf dem Weg nach Mendrisio sieht man im freien Feld das Kirchlein San Martino. Der Bummel durch **Mendrisio** 21 › S. 114 führt zu sehenswerten Palazzi und zur Kunstsammlung von San Giovanni. Dann ist Zeit für ein Mittagessen im Grotto Vallera › S. 116 in Genestrerio. Sehenswürdigkeiten gleich in der Nähe sind das Museo Vela in **Ligornetto** 23 › S. 116 und die Pinacoteca Züst in **Rancate** 22

› S. 116. Auf der Rückfahrt nach Lugano lohnt noch ein Abstecher nach **Campione d'Italia** 14 › S. 111 zum Santuario della Madonna dei Ghirli, mit Abendessen in Campione.

TOUR 5

RUNDFAHRT UM DIE
HALBINSEL CERESIO

> **ROUTE:** Lugano › Gentilino › Montagnola › Vico Morcote › Morcote › Melide › Lugano
>
> **KARTE:** Seite 101
> **LÄNGE:** Tagestour, 35 km
> **PRAKTISCHER HINWEIS:**
> • Die vorgeschlagene Route kann in dieser Form als Tagesausflug nur per Auto durchgeführt werden.

TOUR-START:

Verlassen Sie **Lugano** 1 Richtung Südwesten und besuchen Sie morgens den Friedhof von Gentilino › S. 110 mit dem Grab des Literaturnobelpreisträgers Hermann Hesse, dessen Leben Sie sich dann im kleinen Museum in seinem letzten Wohnort **Montagnola** 5 › S. 109 widmen. Anschließend folgen Sie dem Westufer der Halbinsel über Figino nach **Morcote** 6 › S. 110 zur spektakulär schön gelegenen Kirche S. M. del Sasso. Kurven Sie nun die

TOUREN AM LUGANER SEE

TOUR 4

KULT(O)UR IM MENDRISIOTTO

Lugano > Riva San Vitale
> Mendriso > Genestrerio
> Ligornetto > Rancate >
Campione > Lugano

TOUR 5

RUNDFAHRT UM DIE HALBINSEL CERESIO

Lugano > Gentilino >
Montagnolo > Vico
Morcote > Morcote >
Melide > Lugano

TOUR 6

KREUZFAHRT AUF DEM LUGANER SEE

Lugano > Melide >
Morcole > Caslano >
Lugano

kleine Straße hinauf nach Vico Morcote, wo sich auf der Alpe Vicania das gleichmanige Ristorante › S. 108 für eine schöne Mittagspause anbietet. › mehr S. 13 Punkt ❻ Gestärkt spazieren Sie nun in Morcote durch den exotischen Parco Scherrer, bevor Sie auf dem Rückweg nach Lugano in Melide 4 › S. 108 noch einen Blick in die maßstabsgetreue eidgenössische Modellwelt von Swissminiatur werfen.

KREUZFAHRT AUF DEM LUGANER SEE

ROUTE: Lugano › Melide › Morcote › Caslano › Lugano

KARTE: Seite 101
LÄNGE: Tagestour
PRAKTISCHE HINWEISE:
• Reine Fahrtzeit 1,5 Std., Bahnfahrt nach Lugano 30 Min. Sie benötigen ein einfaches Ticket ab Caslano (www.lakelugano.ch).

TOUR-START:

Die erste Kreuzfahrt des Tages von **Lugano** 1 Richtung Ponte Tresa (Abfahrt 9.30 Uhr) bringt Sie – nach einem Zwischenhalt in **Campione d'Italia** 14 › S. 111 – nach **Melide** 5 › S. 108, wo Sie gut zwei 2 Std. Zeit für die Modellwelt von Swissminiatur haben. Das nächste Boot (Abfahrt 12.21 Uhr) fährt Sie bis **Morcote** 4 › S. 110. Für einen kleinen Rundgang durch den historischen Ort und zur schön gelegenen Kirche Santa Maria dell Sasso, den Besuch des Parco Scherrer und einen Imbiss sollten die knapp 2 ½ Std. Aufenthalt ausreichen, bevor das Schiff nach **Caslano** 3 › S. 108 abfährt. Für ein Dessert im Schokoladenmuseum und einen Spaziergang um die Halbinsel ist dann keine Eile geboten, denn zurück nach **Lugano** verkehren die Züge in kurzen Abständen.

SCHIFFSVERKEHR

Von Ende März bis Oktober verkehren von Lugano aus Schiffe Richtung Ponte Tresa, Campione d'Italia, Capolago und Porlezza. **Società Navigazione del Lago di Lugano**
• Viale Castagnola 12 | 6906 Lugano Tel. 091 2221111 | www.lakelugano.ch

UNTERWEGS AM LUGANER SEE

LUGANO 1 ⭐ ▮ D3

Banken, Boutiquen, Feinkostläden, Straßencafés – in Luganos Innenstadt treffen sich Geld- und Geistesadel. Sehen und gesehen werden ist hier die Devise. Wenn es darum geht, wer die Schönste im ganzen Land ist, dann reiht sich Lugano immer unter die ersten Plätze ein. Die größte Tessiner Stadt (68 700 Einw.) schmiegt sich mit ihren Vororten

Cassarate und Castagnola und der Nachbargemeinde Paradiso in die halbkreisförmige Bucht des Luganer Sees. Die Schönheit dieser Landschaftskulisse und das milde Klima locken auch viele Touristen an. Die weltoffene Stadt mit mediterranem Flair ist auch kulturelles und wirtschaftliches Zentrum der Südschweiz. Das rasante Wachstum der letzten Jahrzehnte hat allerdings auch zu urbanen Entwicklungen geführt, die einige negative Spuren im Stadtbild hinterließen.

DIE ALTSTADT

Ausgangspunkt für einen Stadtrundgang ist die elegant angelegte **Piazza della Riforma** Ⓐ, die von repräsentativen Bauten des 19. Jhs. eingerahmt ist. An der Südseite der

Piazza erhebt sich das **Municipio,** das Rathaus, mit einem schönen Innenhof (1844/45), und auf der Seeseite schließen zwei weitere Plätze an: die **Piazza Rezzonico** und die **Piazza Manzoni,** auf denen jeweils ein Brunnen aus dem 19. Jh. plätschert. Südlich und östlich führen die berühmten **Uferpromenaden** hinaus nach Paradiso sowie zum Stadtpark › S. 105.

Landeinwärts erstreckt sich der alte, größtenteils vom Autoverkehr befreite Stadtkern. Hier ist noch einige historische Bausubstanz erhalten. Gemächlich geht es in der **Via Pessina** Ⓑ mit ihren pittoresken Lauben zu, während die südlich anschließende **Via Nassa** als mondäne Einkaufsstraße ihren originalen Charme eher eingebüßt hat.

Ⓐ Piazza della Riforma
Ⓑ Via Pessina
Ⓒ Santa Maria degli Angioli
Ⓓ Lugano Arte e Cultura (LAC)
Ⓔ San Lorenzo
Ⓕ Parco Ciani (Parco Civico)

Arkaden an der Piazza B. Luini mit Blick auf das Kulturzentrum Lugano Arte e Cultura

SANTA MARIA DEGLI ANGIOLI ●

Die Via Nassa mündet auf die Piazza B. Luini. Sie trägt den Namen des Renaissance-Malers, der in der Kirche Santa Maria degli Angioli eines seiner schönsten Werke schuf. Der 1515 geweihte schlichte, aber feierliche Kirchenbau gehörte zu einem 1848 aufgelösten Franziskanerkloster. Sein Inneres schmückt ein großes Wandfresko von der »Kreuzigung Christi«, das Luini, der unter dem Einfluss Leonardo da Vincis stand, 1529 vollendete. Drei weitere Fresken – das »Abendmahl«, die »Beweinung Christi« und »Maria mit dem Jesus- und Johannesknaben« – kreierte der Maler ursprünglich für das Kloster.

LUGANO ARTE E CULTURA ●

Nahe der Kirche S.M. degli Angioli eröffnete 2015 das spektakuläre Lugano Arte e Cultura (LAC), ein futuristischer Bau des Architekten Ivano Gianola, der den bisherigen Kunstmuseen, etwa dem Museo Cantonale d'Arte und dem Museo d'Arte Moderna, einen gemeinsamen Raum gab – und was für einen: Auf 2500 Quadratmetern über drei Etagen breitet sich das Museum aus, dazu gibt es noch einen Veranstaltungs- und Konzertsaal mit 1000 Plätzen. Regelmäßig locken Sonderausstellungen, der Museumsshop ist gut sortiert (Di–So 10–18 Uhr; Piazza Bernardino Luini 6, Tel. 058 8664222, www.luganolac.ch).

SAN LORENZO ●

Oberhalb der Altstadt, auf einer Anhöhe mit schöner Sicht über den See, erreichbar über einen Treppenweg, thront die Kathedrale San Lorenzo. Urkundlich als Pfarrkirche bereits 818 erwähnt, geht ihre Bausubstanz auf eine romanische Pfeilerbasilika zurück, die im 17./18. Jh. Seitenkapellen und eine neue Innenausstattung erhielt. In klarer Formensprache präsentiert sich die kulissenartig vorgeblendete **Renaissancefassade** mit ihrem reichen Figurenschmuck. Sie ist eines der besten lombardischen Renaissancewerke im Tessin (1500–1517, Rosette 1578).

PARCO CIANI 🄵

Den erholsamen Abschluss eines Lugano-Besuches bildet ein Spaziergang im Parco Ciani (auch Parco Civico). Der 6,3 Hektar große, wunderschön angelegte Stadtpark mit üppiger alpiner, subtropischer und exotischer Vegetation ist eine grüne Oase am Seeufer. Das Delta des hier mündenden Cassarate wurde in jüngerer Zeit attraktiv umgestaltet, u. a. mit Holzstegen am Flussufer, Steintreppen zum Wasser und Picknickplätzen.

Im Ciani-Park präsentiert das **Museo Cantonale di Storia Naturale** in seinen Ausstellungsbereichen die Flora, Fauna und Geologie des Tessins. Die Sammlung gilt als eine der bedeutendsten im Alpenraum und besitzt mehr als eine halbe Million Exponate (Di–Sa 9–12, 14–17 Uhr; Viale Carlo Cattaneo 4, Tel. 091 8154761, www.ti.ch/mcsn).

INFO

Ente Turistico del Luganese
• Palazzo Civico | Piazza Riforma
  6900 Lugano | Tel. 058 2206500
  www.luganotourism.ch

HOTELS

Hotel Walter Au Lac €€
Schöner kann man in Lugano kaum wohnen: Traditionshaus am Seeufer mit zeitgemäß aufgefrischten Zimmern und Suiten.
• Piazza Rezzonico 7 | 6900 Lugano
  Tel. 91 9227425 | www.walteraulac.ch

Hotel & Hostel Montarina €–€€
Einfache, aber gute Unterkunft in Zentrums- und Seenähe; mit Pool, auch Mehrbettzimmer bis 16 Personen.
• Via Montarina 1 | 6900 Lugano
  Tel. 091 9667272 | www.montarina.com

RESTAURANTS

Al Portone €€€
Stilvolles Restaurant mit traditioneller Tessiner Küche – raffiniert komponiert. Di–So ab 18.30 Uhr, So/Mo geschl.
• Via Cassarate 3 | 6900 Lugano
  Tel. 078 7229324
  www.ristorante-alportone.ch

💬 **JAZZ IN LUGANO**

Einmal im Jahr, Ende Juni/Anfang Juli, wird die Piazza della Riforma zur Bühne der Jazzgrößen aus aller Welt. Wer in Sachen Jazz Rang und Namen hat, der muss zumindest einmal beim **Estival Jazz Lugano** auftreten, einem Schweizer Musik-Großereignis. Unter nachtblauem Sommerhimmel haben hier Pat Metheny, Joe Lovano, John Scofield gespielt, um nur ein paar der zahlreichen Top-Musiker zu nennen. Seit 1978 verwandelt das Jazzfestival die Piazza in einen stimmungsvollen Konzertsaal unter freiem Himmel – und frei ist auch der Eintritt. So kommen die Jazzfreunde sogar aus aller Welt angereist, um drei Nächte lang in Lugano (und Mendrisio) in Jazzklängen zu schwelgen. Infos unter www.estivaljazz.ch.

Santabbondio €€€
Klassische Regionalküche – Fisch ebenso wie Fleisch – auf hohem Niveau, mit einem feinen Gespür für die richtige Prise Innovation. Dazu wird eine erlesene Weinauswahl kredenzt. Mo geschl.
- Via Fomelino 10 | 6924 Sorengo
  Tel. 091 9932388
  www.santabbondio.ch

Villa Saroli €€€
Von Mario Botta durchgestyltes Restaurant. Die mediterran inspirierte Küche gilt als eine der besten im Tessin. Mit Smokers Lounge und Bar.
- Via S. Franscini 8 | 6900 Lugano
  Tel. 091 9235314

Canvetto Luganese €€
Die Osteria mit Innenhof serviert typische Tessiner Küche sowie originelle Kreationen des Küchenchefs. So/Mo geschl.
- Via R. Simen 14b | 6900 Lugano
  Tel. 091 9101890
  www.canvettoluganese.ch

Grotto dell'Ortiga €€
In dem kleinen Bergdorf Manno, 5 km nordwestlich von Lugano, hat der Architekt Antonio Mazzoleni einen Stall und eine Scheune in eine wunderbare Osteria verwandelt, in der man exquisit speisen kann. So, Mo und Jan. geschl.
- Strada Regina 35 | 6928 Manno
  Tel. 091 6051613 | www.ortiga.ch

SHOPPING
Bottega del Vino Gabbani
Hier gibt es die ganze Palette Tessiner Spitzenweine, unter denen es so manchen edlen Tropfen zu entdecken gilt.
- Via Pessina 13 | 6900 Lugano
  Tel. 091 9113082 | www.gabbani.com

NIGHTLIFE
Casino Lugano
Roulette, Black Jack und andere Spiele am Tisch und Automaten – Glücksritter werden hier fündig. Dem Kasino sind auch ein Restaurant und eine Bar angeschlossen.
- Via Stauffacher 1 | 6900 Lugano
  Tel. 091 9737111
  www.casinolugano.ch

Trani
In die nette Weinbar bei der Kathedrale kann man aauch uf ein spätes Glas einkehren. Mo–Sa 10–1 Uhr.
- Via Cattedrale 12 | 6900 Lugano
  Tel. 091 9220505 | www.trani.ch

MONTE BRÈ [D3] UND SAN SALVATORE 📖 D3

Luganos zwei Hausberge sind der Monte Brè (933 m) und der Monte San Salvatore (912 m), beide mit herrlicher Aussicht und per Standseilbahn erreichbar.

Vom Ortsteil Cassarate aus fährt die *funicolare* hinauf zum **Monte Brè** (außer Jan./Febr.; Infos: www.montebre.ch). Auf den Aussichtsplattformen kann man das herrliche Panorama genießen. Wanderer brechen von hier aus auf, um auf leichten, gut markierten Wegen eine Rundwanderung zur **Alpe Bolla** (3 Std.) oder den Aufstieg zu den **Denti della Vecchia** (5 Std.) zu unternehmen. Wer im Gebiet länger wandern möchte, der folgt ab Brè der **Lugano-Trekking-Strecke,** die in drei Tagen (45 km) dem Höhenzug um das Val Colla folgt, und dabei zahlreiche Gipfel bis 2116 m

Per Standseilbahn hinauf zum Monte Brè, im Hintergrund der Monte San Salvatore

Höhe überquert.; Endpunkt ist der Ort Tesserete, nördlich von Lugano.

Auf den **Monte San Salvatore,** Luganos »Zuckerhut«, fährt die *funicolare* ab Paradiso (März–Nov.; Infos: www.montesansalvatore.ch), vom Gipfel lohnt z.B. der Abstieg zur Mittelstation Pazzallo (448 m) über einen schönen **Naturpfad.**

MALCANTONE 2 🕮 C3

Die von der Magliasina durchflossene Region erstreckt sich westlich von Lugano am Fuß der Berge Tamaro und Lema. Das einst von Bergbau und Landwirtschaft geprägte Hochplateau ist heute Ziel von Kulturwanderern, die sich zwischen Kastanienhainen und Weinbergen, Mühlen, Hammerschmieden und Minen auf historische Spuren begeben. › mehr S. 13 Punkt ❺ Zu den schönsten Wanderungen zählen der **Sentiero delle Meraviglie** (Weg der wunderbaren Dinge) von Novaggio nach Aranno (5 bis 6 Std.), die **Tracce d'Uomo** (3 Std.) um Castelrotto und der **Sentiero del Castagno** ab Arosio (5–6 Std.). › mehr S. 13 Punkt ❾

Das Malcantone bietet auch den einfachsten Zugang zur schönsten Höhenwanderung im Tessin, der Traverse zwischen **Monte Lema** › S. 88 und **Monte Tamaro** › S. 89 (5 Std.). Seilbahnen ab Migliegla (www.montelema.ch) und Rivera (www.montetamaro.ch) erleichtern den Aufstieg.

HOTEL

Il Castagno €€

Von Kastanienwäldern umgebenes Hotel mit 10 Zimmern, rustikalem Charme und großem Garten.

● 6939 Mugena-Arosio | Tel. 091 6114050
  www.ilcastagno.ch

CASLANO **3** ▮ C3

Das ehemalige Fischerdorf ist heute ein beliebtes Ausflugsziel von Leckermäulern, die es zu **Cioccolata Alprose** zieht. Zur Schokoladenfabrik gehört ein Museum, das Herkunft, Geschichte und Herstellung der Schokolade zeigt. Nach der obligatorischen Verkostung können Sie sich im Laden natürlich gleich mit der berühmten Schweizer Schokolade in allerlei Variationen eindecken (tgl. 9–17 Uhr, Fabrikbesichtigung nur Mo–Fr; Via Rompada 36, Tel. 091 6118856, www.alprose.ch).

Delikatessen anderer Art widmet sich das **Museo della Pesca**. Dort erfährt der Besucher alles rund um das Thema Fischerei im See (April bis Okt. Di/Do/So 14–17 Uhr, Juli bis Aug. 16–19 Uhr; Via Meriggi 32, Tel. 091 6066363, www.museodella pesca.ch). Überschüssige Kalorien können anschließend beim Spaziergang um die vom **Monte Caslano** (Sassalto) gebildete Halbinsel wieder abgebaut werden (1 Std.).

MORCOTE **4** ⭐**8** ▮ C/D4

Morcote ist eines der beliebtesten Ausflugsziele am Ceresio. Historisches Ortsbild und Umgebung verbinden sich aufs harmonischste. Über eine 1732 angelegte Treppe mit 403 Stufen steigt man hinauf zum terrassierten Friedhof und zur Pfarrkirche **Santa Maria del Sasso** (338 m). Das Gotteshaus mit dem frei stehenden Campanile (1539) geht auf das 13. Jh. zurück, wurde aber im 18. Jh. umgestaltet. Das Innere schmücken schöne Renaissancefresken aus dem 15./17. Jh.

Im Westen der Stadt lockt der exotische **Parco Scherrer**. Im Park stehen Nachbauten eines thailändischen Teehauses, eines indischen Palastes und eines ägyptischen Tempels (Mitte März–Ende Okt. tgl. 10–17 Uhr, Juli/Aug. bis 18 Uhr).

HOTELS

Albergo Ristorante Della Posta €€
Nette Unterkunft an der Seestraße mit gutem Restaurant. März–Nov.
• Piazza Grande | 6922 Morcote
  Tel. 091 9961127
  www.hotelmorcote.com

Al Batello €–€€
Sympathisches kleines Haus direkt am See, gutes hauseigenes Restaurant mit regionaler Küche
• Riva dal Drèra 10 | 6922 Morcote
  Tel. 091 9961260
  www.albattello.com

RESTAURANT

Ristorante Vicania €€
Das stilvoll-rustikale Restaurant mit offenem Kamin und großer Außenterrasse ist Teil eines Landgutes. Der Küchenchef zaubert aus frischen Produkten vom landwirtschaftlichen Betrieb feine Gerichte. Mo/Di geschl.
• Alpe Vicania | 6921 Vico Morcote
  Tel. 091 9802414
  www.ristorantevicania.ch

MELIDE **5** ▮ D4

Attraktion des liebenswerten Ferienortes ist der Freizeitpark **Swissminiatur** mit Modellen der wich-

Spektakulär schön ist die Lage von Santa Maria del Sasso in Morcote

tigsten Sehenswürdigkeiten der Schweiz in 25-facher Verkleinerung (Mitte März–Okt. tgl. 9–18 Uhr, Erw. 19 CHF, Kinder 6–15 Jahre 12 CHF; Via Cantonale, Tel. 091 6401060, www.swissminiatur.ch).

Wer auf die Seilbahn (ab Lugano-Paradiso) verzichten möchte, der kann von Melide aus den **Monte San Salvatore** (912 m) › S. 106 einen der beiden Hausberge Luganos, besteigen (2½ Std.). Dabei führt der Weg durch **Carona** (599 m), einen hübschen denkmalgeschützten Ort mit traditionellen Natursteinhäusern und freskengeschmückten Gebäuden. Stuckaturen und Gemälde von Domenico Pezzi zieren die sehenswerte Kirche. Sollten Sie unterwegs Hunger verspüren, lädt im Ortszentrum der Grotto Pan Perdü zur Einkehr (€; Tel. 091 6499192).

HOTEL

Villa Carona €€
Familiäres, stilvolles Hotel in einem Patrizierhaus, jedes Zimmer individuell eingerichtet. Hübscher Garten.
● Via Principale 53 | 6914 Carona
　Tel. 091 6497055 | www.villacarona.ch

MONTAGNOLA 6 📖 D3

Die Wälder und Spazierwege um dieses Dorf inspirierten einst Hermann Hesse, der 1919 ins Tessin zog und im Laufe von über vierzig Jahren in Montagnola u. a. die Romane »Siddharta« und »Narziss und Goldmund« schrieb. Das kleine **Museum** im Turm der historischen Casa Camuzzi – in der Hesse eine bescheidene Wohnung bewohnte, bevor er 1931 mit seiner dritten Frau Ninon in die Casa Rossa zog –

zeigt neben zahlreichen Erinnerungsstücken auch Dokumentarfilme (März–Okt. tgl. 10.30 bis 17.30 Uhr, Nov.–Febr. nur Sa/So; Torre Camuzzi, Tel. 091 9933770, www.hessemontagnola.ch).

Das Grab des 1962 verstorbenen Schriftstellers befindet sich auf dem Friedhof von St. Abbondio im Nachbardorf **Gentilino**. Dorthin – und zu mehreren von Hesse geliebten Plätzen in den Hügeln der Collina d'Ora – führt der 3 km lange Rundweg »Auf den Spuren von Hermann Hesse« (Audioguide im Museum erhältlich).

UNGEWÖHNLICHE MUSEEN

- Im **Palazzo Biumi-Innocenti** von Verbania-Intra sind 5000 Votivbilder ausgestellt. Dies ist einzigartig in Europa. > S. 72
- Wer glaubt, Regenschirme seien langweilig, der wird im **Museo dell´Ombrello e del Parasole** (Schirmmuseum) eines Besseren belehrt. > S. 77
- Neben Friedenspfeifen und Pfeifen für Motorradfahrer zeigt das **Museo della Pipa** noch andere Kuriositäten für Raucher. > S. 86
- Warum einst Fahrradreifen oder Reispakete heimlich über die Grenze gebracht wurden, was es mit dem Salami-U-Boot auf sich hat und weiteres Kurioses, aber auch Informatives zum Grenzverkehr zeigt das **Museo Doganale** (Zollmuseum). > S. 111

CASTAGNOLA 7 D3

Castagnola, 3 km östlich von Lugano, wird überragt von der malerisch am Hang gelegenen, ursprünglich mittelalterlichen Pfarrkirche **San Giorgio** (Aussichtspunkt). Im Ort lohnt die **Villa Haleneum** einen Besuch, v. a. wegen ihres Gartens, der nach den ästhetischen Prinzipien den Jugendstils angelegt wurde (April–Sept. 6–23, Okt.–März bis 21 Uhr, Eintritt frei; Via Cortivo 24).

HOTEL
Elvezia al Lago €€
Kleine Villa am See, die zum Kunsthotel umgebaut wurde. Geöffnet April–Okt.
- Sentiero di Gandria 21
  6976 Castagnola | Tel. 091 9714451
  www.elvezialago.ch

GANDRIA 8 D3

Der viel besuchte Uferort bietet mit seinen verschachtelten Häusern, die sich an den felsigen Steilhang schmiegen, ein pittoreskes Bild. Zu Fuß erreicht man ihn von Castagnola aus auch über den von subtropischer Vegetation gesäumten **Sentiero dell'olivo** (Olivenbaumpfad; 3,5 km, 1 ½ Std., 18 Stationen; Broschüre bei der Touristinfo > S. 105).

Von Gandria verkehren Schiffe ans gegenüberliegende Ufer zur Anlegestelle **Cantine di Gandria** (um 9.53, 11.12 u. 14.40 Uhr; auch ab Lugano Giardino u. Centrale, aktueller Fahrplan: www.lakelugano.ch). In den Cantine werden Weine aus der Umgebung Gandrias in Felshöhlen gelagert. Meist gibt es in den

Weinkellern auch Weinproben. Einen Besuch wert ist dort auch das **Museo Doganale** (Zollmuseum), das ein breites Spektrum an Schmuggelwaren und -techniken präsentiert (April–Okt. 13–17 Uhr, 5 CHF; www.zollmuseum.ch).

VALSOLDA 9 ▮ D3

Ein lohnender Auflug für Naturliebhaber führt in das malerische Valsolda mit seinen kleinen Bergdörfern. Hier lebte der italienische Schriftsteller Antonio Fogazzaro (1842–1911), dessen Werk »Piccolo mondo antico« hier spielt.

Die Bergwelt hält hier für Wanderer und Bergsteiger schöne Touren parat, etwa auf die **Denti della Vecchia** (2 Std. ab Castello), auf den **Monte Boglia** (1516 m, 3 Std.) und auf den **Monte Bronzone** (1443 m, 2 Std. ab Dasio).

VAL REZZO UND VAL CAVARGNA

Am Nordostende des Luganer Sees liegt **Porlezza** 10 ▮ D4 (4700 Einw.), ein guter Ausgangspunkt für Aktivitäten am Wasser und in der Umgebung. Denn im Hinterland erstreckt sich die noch recht ursprüngliche Bergregion um die beiden Täler **Val Rezzo** 11 ▮ D/E3 und **Val Cavargna** 12 ▮ D/E3. Eine gut ausgebaute Straße verbindet Porlezza mit diesen beiden Talgemeinden, eine Rundfahrt (30 km) auf dieser eröffnet reizvolle Ausblicke. Die abgelegenen Bergdörfer in dieser Gegend

führen allesamt ein ausgeprägtes Eigenleben, da sich Touristen nur selten dorthin verirren.

Markierte Wege führen u. a. von Buggiolo (1035 m) zum **Passo di San Lucio** (1542 m; knapp 2 Std.), einem uralten Übergang ins Tessiner Val Colla, und weiter am Grenzkamm entlang auf den **Monte Garzirola** (2116 m; 2 Std. ab San Lucio).

OSTENO 13 ▮ D3

Der kleine Ort am Nordostufer des Luganer Sees besitzt eine sehenswerte Kirche, **Santi Pietro e Paolo,** die sich weithin sichtbar über dem Dorf erhebt. Im Innenraum sind eine schöne Madonnenstatue aus dem 15. Jh. (Westwand) und eine Schauder erregende Vision des Jüngsten Gerichts zu sehen.

In der näheren Umgebung findet man zwei Naturattraktionen: die romantische Klamm **Orrido di Osteno** und die **Grotte di Rescia.** Die kleine Tropfsteinhöhle mit Wasserfall ist beleuchtet und im Rahmen einer Führung (ca. 30 Min.) zugänglich (April–Mai u. Mitte Sept. bis Mitte Okt. So 10–12.30, 14 bis 17.30, Juni–Mitte Sept Mo–Sa 14 bis 17.30, So 10–12.30, 14–17.30, Juli tgl. bis 18 Uhr, 7 €; Mobil-Tel. 335 5445696, www.grottedirescia.it).

CAMPIONE D'ITALIA
14 ▮ D3

Gegenüber von Lugano liegt die italienische Exklave im Schweizer Kanton Tessin (keine Grenzkontrol-

len). Im Jahr 777 der Abtei Sant'
Ambrogio in Mailand geschenkt,
verblieb etwa 1000 Jahre unter klösterlicher Hoheit. 1797 wurde das
Dorf von der Cisalpinischen Republik, dann mit der Lombardei von
Österreich einverleibt, bevor es in
der zweiten Hälfte des 19. Jhs. endgültig an Italien fiel.

Blickfang im Ortsbild ist das
2007 eröffnete **Casinò Municipale**
des Architekten Mario Botta, eines
der größten Kasinos in Europa. Das
150 Mio. CHF teure, 13-stöckige
moderne Bauwerk stößt auch auf
Kritik, viele Einwohner fühlen sich
durch dessen Wucht erschlagen. Im
Sommer 2018 hieß es dann aber
»Rien ne va plus« für die Spielbank.
Gerichtsvollzieher versiegelten die
Türen, denn die Gemeinde als Betreiber hatte rund 90 Mio. Euro
Schulden angehäuft. Noch ist das
Schicksal des Kasinos ungewiss, das
Haupteinnahmequelle und bedeutender Arbeitgeber Campiones war.

Weit ruhiger über die Zeit gekommen ist die Wallfahrtskirche
**Santuario della Madonna dei
Ghirli** (fast immer geschl., Schlüssel
im Pfarrhaus gegenüber). Im Kern
gotisch, wurde sie im 17. Jh. barockisiert und seeseits mit einer als
Triumphbogen gestalteten Vorhalle
(1740) und monumentalem Treppenaufgang versehen. Prachtvolle
Fresken diverser Epochen schmücken den Innenraum. Der Name der
Kirche – »Madonna der Schwalben«
– spielt übrigens auf die künstlerische Wanderschaft der Campionesen an, die wie die Schwalben ausund wieder einzogen.

RESTAURANTS

Ristorante Taverna €€€

Hier werden in stilvollem Ambiente Delikatessen mit weißen Trüffeln sowie andere
regionale und mediterrane Spezialitäten
serviert. Di ganztägig und Mi mittags
geschl.
• Piazza Roma 1 | 22060 Campione d'Italia
  Tel. 091 6494797
  www.ristorantetaverna.com

Da Candida €€

Fürstlich speist man in dem ausgezeichneten Restaurant im Palast aus dem 18. Jh.
Mo geschl., Juli/Aug. Betriebsurlaub (Termine auf der Website).
• Viale Marco da Campione 4
  22060 Campione d´Italia
  Tel. 091 6497541
  www.dacandida.net

ROVIO 15 🏛 D4

Das schmucke Dörfchen am Westfuß des Monte Generoso › S. 113 auf
einer Anhöhe über dem kleinen Tal
der Sovaglia steht auf uraltem Siedlungsgebiet. Sarkophage aus römischer Zeit werden heute als Brunnen genutzt, und an der Außenwand
der **Casa Conza** findet sich ein
Stein mit römischer Inschrift.

Aus der zweiten Hälfte des
18. Jhs. stammt in ihrer heutigen
Gestalt die Pfarrkirche **Santi Vitale
e Agata.** Wesentlich älter ist die
Kapelle **San Vigilio** auf einem Hügel
westlich des Ortes. Der einschiffige
romanische Bau mit halbrunder
Apsis und offenem Dachstuhl dürfte im 12./13. Jh. entstanden sein, die
Fresken stammen aus der ersten
Hälfte des 13. Jhs.

AROGNO 16 ▮ D3 UND SIGHIGNOLA 17 ★ ▮ D3

Sowohl von Rovio als auch von Maroggia führen Straßen zum Bergdorf **Arogno** (609 m), das im malerischen Valle Mara liegt, und weiter über die schweizerisch-italienische Grenze hinauf nach **Lanzo d'Intelvi** (907 m). Diesen lohnenswerten Abstecher wird man vor allem unternehmen, um zur **Sighignola** (1321 m) zu gelangen, dem wohl schönsten Aussichtspunkt am Luganer See: Nach 5,5 km auf einer recht guten Straße von Lanzo öffnet sich ein unvergleichlicher Blick auf den See und die Bucht von Lugano.

CAPOLAGO 18 ▮ D4

Capolago, der »Kopf des Sees« am Südende des Ceresio, war vor dem Bau der Gotthardbahn ein wichtiger Handelsplatz und bereits unter den Mailänder Visconti befestigt. Der Ort ist Ausgangspunkt für eine Fahrt mit der 1890 eröffneten Zahnradbahn auf den **Monte Generoso**, den südlichsten Aussichtsberg des Tessins mit dem spektakulären, vom Tessiner Stararchitekten Mario Botta entworfenen Bergrestaurant Fiore di Pietra. Die Zahnradbahn *(trenino a cremagliera),* befördert Passagiere bis knapp unterhalb des Gipfels und erklimmt dabei Steigungen bis zu 22 % (Infos: www.montegeneroso.ch). Von der Bergstation Generoso Vetta (1601 m) führt ein Fußweg zum höchsten Punkt (1704 m, 20 Min.). Bei günstiger Witterung reicht das Gipfelpanorama vom Monte Viso (3841 m) bis zur Bernina (4049 m).

Bergwanderer können dann über die Alpe Piana und Alpe Génor, über Cascina d'Armirone und Doso dell'Ora bis zur Bahnstation **La Piana** absteigen (5 ½ Std., mit Gipfelbesteigung 6 ½ Std.). Die Flora zeigt sich hier im Frühsommer in schönster Blüte (Naturschutzgebiet).

RIVA SAN VITALE
19  ▮ D4

Der stattliche Ort hat eine bewegte Geschichte und ist berühmt durch das frühchristliche Baptisterium und die Kuppelkirche Santa Croce. Schon in prähistorischer Zeit besiedelt und 774 als Sobenno urkundlich erwähnt, war Riva San Vitale im Mittelalter Seestützpunkt Comos im Kampf gegen Mailand.

Bekrönt wird der Ort von der weithin sichtbaren mächtigen Kuppel der Kirche **Santa Croce**. Das Gotteshaus, einer der schönsten Sakralbauten der Schweiz, entstand zwischen 1588 und 1592 unter dem Baumeister Giovanni Antonio Piotto aus Vacallo im Mendrisiotto. Die Kirche folgt zwar ganz der Tradition stolzer Zentralbauten der Epoche, nimmt aber mit der Fassade und dem stark betonten Chor bereits Elemente des Barock vorweg. Überwältigend ist die Raumaufteilung: Acht mächtige Säulen tragen die von einer Laterne bekrönte Kuppel. Der Freskenschmuck ist gespenstisch und hintergründig zugleich.

Das frühchristliche **Baptisterium San Giovanni** neben der Pfarrkirche San Vitale ist der älteste Sakralbau der Schweiz und Zeichen der jahrhundertelangen kulturellen Tradition dieser Region. Der Zentralbau mit achteckiger Kuppel entstand um 500 und hatte einst einen quadratischen Umgang. Vermutlich aus karolingischer Zeit stammt die mehrfach umgestaltete Ostapsis. Die Freskenreste – eine Kreuzigung Christi – werden auf die Zeit um 1000 datiert, die Malereien in den Nischen links und rechts der Apsis auf das 14./15. Jh. Teilweise erhalten blieb der kunstvoll verlegte Marmorboden. Die achteckige Piscina diente ursprünglich für die Taufe.

MONTE SAN GIORGIO

20 ⭐  D4

Das pyramidenförmige Bergmassiv (1097 m) trennt die beiden südlichen Arme des Luganer Sees und bietet von seinem Gipfel einen herrlichen Panoramablick. Weltweite Berühmtheit und einen Eintrag als UNESCO-Weltnaturerbe verdankt der bewaldete Berg der Tatsache, dass sich in seinen Gesteinen die besterhaltene Fundstätte marinen Lebens der Trias (vor 245–230 Mio. Jahren) verbirgt. Die gut konservierten, versteinerten Reptilien, Fische und Ammoniten tummelten sich einst in einer subtropischen Lagune oder kamen – wie einige Insekten oder Pflanzen – vom nahen Festland. Eine Auswahl der Funde kann im **Museo dei Fossili di Meride** im alten Gemeindehaus von Meride bestaunt werden (Di–So 9–17 Uhr; Tel. 091 6400080, www.montesangiorgio.ch). › mehr S. 17 Punkt ㉙ Die Mehrzahl der Fossilien befindet sich allerdings im Paläontologischen Museum von Zürich.

Ein **Rundwanderweg** führt von Meride über Cassina in der Nähe befindet sich die Fundstätte – auf den Monte San Giorgio und zurück über Crocifisso (3½ Std.).

RESTAURANT
Antico Grotto Fossati €
Im Keller lagern Hunderte verschiedener Weine und Käse, in der Gaststube werden Formaggini aus dem Valle di Muggio, Polenta, Ossobuco, Kaninchen und sautierte Pilze serviert, gefolgt von Milchferkel aus dem Ofen *(bollito misto)*, Zicklein *(capretto pilottato)* oder Lamm. Angenehm sitzt man an den Steintischen auf der Terrasse. Probieren Sie unbedingt auch Gazosa, die Tessiner Zitronenlimonade. Mo geschl.
› mehr S. 14 Punkt ⓭
• 6866 Meride | Tel. 091 6465606

MENDRISIOTTO

Südlich von Capolago erstreckt sich die reizvolle Hügellandschaft, gelegentlich – zu Recht – als »Vorhof der Lombardei« bezeichnet.

MENDRISIO 21  D4
Hauptort des Mendrisiotto ist das lebhafte Städtchen Mendrisio mit seinem malerischen *Borgo,* sehenswerten Palazzi und Kirchen. Über die Grenzen des Tessins hinaus berühmt sind die Osterprozessionen, die mit Freude am prunkenden und

Vom Monte San Giorgio eröffnet sich ein herrliches Panorama

farbenprächtigen Aufzug in Szene gesetzt werden.

Der alte Stadtkern wird überragt von der Pfarrkirche **Santi Cosma e Damiano,** einem monumentalen Zentralbau des 19. Jhs. mit achteckiger Kuppel (Mi–Mo 8–19.30 Uhr). Kunstgeschichtlich ungleich bedeutender ist das 1852 aufgehobene **Servitenkloster San Giovanni,** ein malerisch verschachtelter Gebäudekomplex an der Piazza San Giovanni, der sich um einen Kreuzgang aus dem 17./18. Jh. gruppiert. Im Konventgebäude ist ein kleines Museum untergebracht, das neben Wechselausstellungen von Tessiner Künstlern auch internationale Kunst des 20. Jhs. zeigt (Di–Fr 10 bis 12 u. 14–17, Sa/So 10–18 Uhr).

Unter den historischen Profanbauten Mendrisios ist neben dem **Palazzo Torriani** (16.–18. Jh.), der zwei stimmungsvolle Innenhöfe umschließt, vor allem der **Palazzo Pollini** hervorzuheben, einer der großartigsten Barockpaläste des Tessins (1719–1721).

Nördlich des Städtchens, zwischen Autobahn und Gotthard-Bahnlinie, steht im freien Feld das Kirchlein **San Martino.** Es ist das älteste Gotteshaus des Mendrisiotto, bereits im Jahr 965 wurde es urkundlich erwähnt. Den bestehenden romanischen Bau aus dem 12./13. Jh. errichtete man über den Fundamenten dreier Vorgängerkirchen. Chor, Vorhalle und Sakristei stammen aus dem 17. Jh.

INFO

Mendrisiotto Turismo
• Via Lavizzari 2 | 6850 Mendrisio
Tel. 091 6413050
www.mendrisiotourism.ch

HOTEL

Albergo Morgana €€
Etwas außerhalb gelegenes 3-Sterne-Hotel mit Pool; gratis Leih-E-Bikes für Hausgäste.
• Via C. Maderno 12 | 6850 Mendrisio
  Tel. 091 6462355 | www.hotel-morgana.ch

SHOPPING

Foxtown
Riesiges Outlet mit Restaurants und Bars, an der Autobahnausfahrt Mendrisio. Rund 150 Shops internationaler Markenhersteller (Mode, Haushaltswaren, Schuhe, Brillen) bieten hohe Rabatte für Designerkleidung (u. a. Prada und Versace) aus dem Vorjahr und aus Überproduktionen. Tgl. 11–19 Uhr. Im Gebäude residiert auch das Kasino Mendrisios (So–Do 11–5, Fr/Sa 11–7 Uhr.).
• Via A. Maspoli 18 | 6850 Mendrisio
  Tel. 0848 8828888 | www.foxtown.ch

RANCATE 22 ▯ D4

Im ehemaligen Pfarrhaus des kleinen Ortes befindet sich ein besonderes Kunstmuseum, die **Pinacoteca Cantonale Züst**. Sie zeigt Werke von Tessiner Künstlern vom 17. bis 20. Jh., darunter Arbeiten von Giovanni Serodine aus Ascona (April bis Juni 9–12 u. 14–17, Juli/Aug. 14–18, Okt.–Febr. Di–Fr 9–12 u. 14–18, Sa/So 10–12 u. 14–18 Uhr; Piazza S. Stefano, Tel. 091 8164791).

LIGORNETTO 23 ▯ D4

In dem Dorf westlich von Mendrisio befindet sich in einem Park eines der bedeutendsten Künstlerhäuser der Schweiz. Das 1862–1865 errichtete Gebäude war Privatresidenz, Atelier und Museum des großen Tessiner Künstlers Vincenzo Vela (1820–1891), einem der bedeu-

tendsten europäischen Bildhauer des 19. Jhs. Er stellte dort die Gipsmodelle seiner Werke aus, später auch Kunst seines Bruders Lorenzo (1812–1897), seines Sohns Spartaco (1854–1895) sowie Malerei und Grafik lombardischer und piemontesischer Künstlerfreunde. Heute zeigt das 2014/15 renovierte **Museo Vincenzo Vela** rund 5000 Kunstwerke, die Gips- und Terrakotta-Skulpturensammlung ist herausragend. Hinzu kommt eine Kollektion historischer Fotografien (Jan.–Mai 10–17, Juni–Sept. 10–18, Okt.–Dez. 10–17, So bis 18 Uhr, Mo geschl.; Largo Vela, www.museo-vela.ch).

RESTAURANT

Grotto Vallera €
Schnörkelloser Grotto zwischen Ligornetto und Stabio am baumgesäumten Ufer des Laveggio. Spezialität des Hauses sind Gerichte nach traditionellen Rezepten: im Herbst z. B. *Cazöla* von der Gans, im Winter *troccoli del montanaro* (deftige Pasta mit Kohl und Käse). Mo u. Sa mittags geschl.
• Via Vallera 3 | 6852 Genestrerio
  Tel. 091 6471891

STABIO 24 ▯ D4

Neben der **Casa Rotonda** (1981), einem von Mario Botta geplanten Einfamilienhaus (privates Wohnhaus, Via Pietane 12), ist das **Museo della Civiltà Contadina del Mendrisiotto** sehenswert. Das Museum erinnert in mehreren Ausstellungsräumen an die agrarische Vergangenheit der Region und deren Kultur (Di, Do, Sa, So 14–17 Uhr; Piazza Maggiore, Via Castello, Tel. 091 6416990, www.stabio.ch).

COMER SEE

Die Treppengasse Salita
Serbelloni in Bellagio

Trotz mediterraner Vegetation, südländisch-barocker Villen und Parks ist der Lago di Como ein Alpensee. Gerade dieser Kontrast macht seinen Reiz aus, für viele ist er der schönste unter den Oberitalieinischen Seen.

Wie ein Fjord dehnt sich der Comer See, auch *Lario* genannt, zwischen seinen Steilufern aus. Er kann sowohl mit lieblicher Natur als auch mit herausragender Bau- und Gartenkunst aufwarten. Die Seeform erinnert an ein kopfstehendes »Y«, an den Kopfenden der beiden Arme liegen jeweils die größten Städte.

Zwischen den mittelalterlichen Mauern von **Como** findet sich eine elegante Altstadt mit regem Kulturangebot und lohnenden Museen. Die Universitätsstadt ist das Zentrum der europäischen Seidenindustrie, in den Gassen locken neben schicken Boutiquen auch zahlreiche Spezialitätengeschäfte.

Auch **Lecco** zeigt in den Vororten das Bild einer Industrielandschaft, doch auch dort ist die Fußgängerzone mit ihren Gassen und eleganten Geschäften vor der Kulisse der Berge von Grigne und Resegone einen Besuch wert.

Zwischen den beiden Städten breitet sich die reizvolle Seenkette der **Brianza** aus. Sie eignet sich weniger zum Baden, für Freunde romanischer Baukunst und Radfahrer ist sie jedoch ein Tipp. So gibt es z. B. einen ausgeschilderten Radwanderweg bis ins Varesotto.

Als schönster Teil des Lago di Como gilt das **Westufer,** vor allem der Abschnitt zwischen Como und Bellagio. Nachdem der lombardische Adel im 16. Jh. den See entdeckte und dort zahlreiche Prachtbauten errichten ließ, finden heute auch Hollywoodstars an dieser Ecke Gefallen.

Das Ufer gegenüber wird ebenfalls von Parks, Villen und Grandhotels gesäumt, verwöhnt doch die Seemitte, auch **Azaleenriviera** oder *Riviera della Tremezzina* genannt, mit mildem Klima und mediterraner Vegetation.

Eine spitz zulaufende Halbinsel trennt die beiden südlichen Arme des Sees. An deren Ende liegt **Bellagio,** eine weitere Perle am Lario. Belle Époque und Tourismus vereinen sich dort in bester Manier, was speziell Amerikaner entzückt.

Der nördlich anschließende Teil des Comer Sees zeigt einen strengeren, alpineren Charakter. Hohe, oft schneebedeckte Bergkämme treten ins Bild. Der sogenannte **Alto Lario** ist vor allem Ziel der Wanderer und Mountainbiker; wobei sich die erwanderbare Bergwelt entlang des Ostufers bis zum Parco della Grigna und den Bergen von Resegone bei Lecco erstreckt. Auch alle Wassersportler, die Wind brauchen, finden am nördlichen Comer See ideale Verhältnisse vor. Die Wind- und Kitesurferszene trifft sich vor allem in Domaso und Colico.

TOUREN IN DER REGION

VILLEN, GÄRTEN & KIRCHEN

ROUTE: Como › Lenno › Tremezzo › Isola Comacina › Bellagio › Gravedona › Piona › Varenna › Bellagio

KARTE: Seite 121
LÄNGE: 3 Tage
PRAKTISCHE HINWEISE:
• Für die Strecken Como – Lenno und Bellagio – Gravedona benutzen Sie die Tragflügelboote, für die restlichen Strecken die *motonavi*.
• Für die Fahrt am Abend von Varenna nach Bellagio nehmen Sie die Autofähre. Kleine Boote zur Isola Comacina verkehren ab Sala Comacina.

TOUR-START:
Fahren Sie in **Como 1** › S. 120 los, wenn am Ostufer das Morgenlicht idyllisch auf die Villen von Cernobbio und Laglio fällt. In **Lenno 6** › S. 131 beziehen Sie zuerst Ihr Hotel, um dann einen Spaziergang (oder eine Bootstour) zur Villa del Balbianello zu unternehmen. Nach einem schmackhaften Fischgericht in der Trattoria Santo Stefano › S. 132 geht es am Nachmittag zur Villa Carlotta nach **Tremezzo 7** › S. 132. Abends folgt eine kurze Bootsfahrt zur Isola

Comacina › S. 130, um im legendären Inselrestaurant Locanda dell' Isola zu speisen. Am Morgen steht zuerst eine kurze Überfahrt nach **Bellagio 9** › S. 133 mit Hotelwechsel auf dem Programm. Im Ort verbringen Sie den Tag bei Besichtigungen der imposanten Villen und Gärten. Am nächsten Tag fahren Sie nach **Gravedona 16** › S. 137, um die kunsthistorisch bedeutenden Kirchen zu besuchen und anschließend zum **Kloster Piona 20** › S. 139 überzusetzen. Den Abschluss des Tages bildet ein Rundgang durch **Varenna 22** › S. 139, bevor Sie im Vecchia Varenna zu Abend essen und mit einer späten Fähre nach **Bellagio** zurückkehren.

WANDERN IM PARCO DELLA GRIGNA

ROUTE: Lecco › Piani Resinelli › Rifugio Rosalba › Piani Resinelli › Lecco

KARTE: Seite 121
LÄNGE: Fahrstrecke 16 km, Wanderzeit 4 Std.
PRAKTISCHE HINWEISE:
• Parkplatz beim Ex-Rifugio Alippi, alternativ sind die Piani Resinelli von Lecco aus per Bus erreichbar.

- Der Wanderweg zur Hütte ist gut angelegt, erfordert jedoch Trittsicherheit.
- Das Rifugio ist Mai– Mitte Sept. durchgehend bewirtschaftet, sonst nur an Wochenenden.

TOUR-START:

Brechen Sie frühzeitig in **Lecco** 26 › S. 142 auf, um der Straße in die Valsassina bis Ballabio zu folgen. Ab dort führt eine Bergstraße in Serpentinen hinauf zur Feriensiedlung Piani di Resinelli › S. 145. Sie parken beim Rifugio Alippi (1183 m), wo Weg Nr. 9 (Sentiero delle Foppe) beginnt, der Sie hinauf zum Rifugio Rosalba (1720 m) führt. Die Hütte, ein beliebtes Wanderziel, befindet sich unter dem Gipfelstock der Grignetta (2177 m), der erfahrenen Bergsteigern und Kletterern vorbehalten ist. Genießen Sie die Ausblicke auf Felsnadeln, den Comer See und die Poebene sowie eine deftige Mahlzeit, bevor Sie auf dem Aufstiegsweg wieder absteigen.

SCHIFFSVERKEHR

Auf dem See fahren Schnellboote *(Servizio rapido)* und Motonavi. *Traghetti* (Autofähren) pendeln zwischen Cadenabbia, Menaggio, Varenna und Bellagio. In der Seemitte verkehren die Boote häufiger, während der Wintermonate ist der Fahrplan ausgedünnt. Aktueller Fahrplan: www.navlaghi.it.

UNTERWEGS AM COMER SEE

COMO 1 ⭐ 10 📷 D4/5

Como (83 300 Einw.) hat zwei Gesichter: ein nobles, dem See zugewandtes und ein hässliches, in die Brianza hinauswucherndes. Am besten nähert man sich Como von Norden her übers Wasser oder auf einer der Uferstraßen. Dann entfaltet die Stadt ihren ganzen Zauber: Grün und Grau, dazu gedämpftes Ocker, mediterranes Licht, lombardisch-nüchtern die Mauern der Altstadt. Verborgen bleibt dem Anreisenden somit, was sich hinter der vornehmen Fassade verbirgt: das pulsierende Herz der Industriestadt, Vorort und Hinterhof zugleich. Aus Comos Altstadt, der *Città murata,* ist der Autoverkehr teilweise verbannt. Doch nicht nur Staugefahr und Parkplatznot sprechen für die Anfahrt mit dem Schiff: Man legt vor malerischer Kulisse am Lungolario an und betritt nahe der Piazza Cavour wieder festen Boden, dem besten Ausgangspunkt, um die Altstadt zu erkunden. Von dort folgt man der Via Vittorio Emanuele zum Domplatz.

PIAZZA DEL DUOMO 🅰 📷 c2

Die Piazza del Duomo ist das geschäftige Zentrum der Altstadt. Der Dom (Cattedrale di S. M. Assunta), das ehemalige Rathaus (Broletto) und der Stadtturm (Torre del Comune) schließen ihn als Baukom-

TOUREN AM COMER SEE

TOUR ⑦

VILLEN, GÄRTEN UND KIRCHEN

Como › Lenno › Tremezzo › Isola Comacina › Bellagio › Gravedona › Piona ›
Varenna › Bellagio

TOUR ⑧

WANDERN IM PARCO DELLA GRIGNA

Lecco › Piani Resinelli › Rifugio Rosalba
› Piani Resinelli › Lecco

plex nach Osten hin ab. Während die **Torre** und der **Borletto** mit seinen Arkaden und der schwarz-weiß gemusterten Fassade im Kern aus dem frühen 13. Jh. stammen, wurde mit dem Bau des **Doms** erst 1396 begonnen. Die Arbeiten zogen sich bis Mitte des 18. Jhs. hin (Vierungskuppel von F. Juvarra, 1744). Dennoch ist der Gesamteindruck harmonisch. Der Entwurf von Lorenzo degli Spazzi war gotisch, die 1457 begonnene **Fassade** gilt als eine Meisterleistung der lombardischen Frührenaissance. Der plastische Schmuck stammt teilweise von den Brüdern Rodari. Tommaso und Jacopo Rodari schufen auch die reich geschmückte Porta della Rana (»Froschportal«), die an der Nordseite des Gotteshauses, das seinen Namen einem nur noch in Umrissen erkennbaren Froschrelief verdankt. Schemenhaft präsentiert sich zunächst auch das **Innere** des Doms. Das spärlich einfallende Licht erhellt den hohen Kirchenraum nur wenig. Aus der Fülle der Kunstwerke sind besonders hervorzuheben: die großen, im Langhaus aufgehängten Gobelins (16./17. Jh.) aus toskanischen und flandrischen Manufakturen, eine Kreuzabnahme (1498) im linken Seitenschiff von Tommaso Rodari, ferner mehrere Altarbilder von Bernardino Luini und Gaudenzio Ferrari.

PIAZZA DEL POPOLO **B** 📘 c2

Um die sich östlich anschließende **Piazza del Popolo** gruppieren sich weitere Gebäude: Das klassizistische **Teatro Sociale** mit seiner imposanten Säulenvorhalle wurde 1811–1813 von G. Cusi auf der Basis des ehemaligen Schlosses erbaut. Der **Palazzo Terragni,** 1932–1936 von Giuseppe Terragni errichtet, einem Wegbereiter der Moderne, gilt als Paradebeispiel des italienischen Rationalismus der 1930er-Jahre.

Die Haupteinkaufsstraße Via Vittorio Emanuele heißt auch kurz *La Vasca* (»die Wanne«), weil man dort im Überfluss baden kann. Hier reihen sich Geschäfte für exklusive Mode und italienische Qualitätsschuhe aneinander, dazwischen gibt es Köstlichkeiten für Gourmets.

SAN FEDELE **C** 📘 c3

Die markante Kirche San Fedele, eine romanische Basilika, wurde im 12. Jh. über den Fundamenten eines karolingischen Vorgängerbaus errichtet. Außen fällt vor allem die originell gestaltete Apsis mit ihrer Zwerggalerie auf. Der Grundriss erinnert an die Pfalzkapelle Karls des Großen in Aachen. Schmuckvoll wurde das Nordportal gestaltet. In der linken unteren Hälfte ist David in der Löwengrube dargestellt, darüber Habakuk mit einem Engel und auf der rechten Seite ein geflügelter Drache. Im Innern entdeckt man links der Nordapsis Freskenreste des 12./13. Jhs., die thematisch mit jenen im Baptisterium von Riva San Vitale verwandt sind › S. 114.

STÄDTISCHE MUSEEN

Noch weiter in die Vergangenheit Comos führt das **Museo Archeologico Paolo Giovio D** 📘 c3 im Palazzo Giovio. Die ältesten Funde

Das Castello Baradello thront hoch über Como

stammen aus der Steinzeit, eine Siedlungskontinuität über Bronze- und Eisenzeit bis zu den Römern ist durch reiches Material belegt. Gezeigt werden auch Exponate aus romanischer und gotischer Zeit, z. B. Kapitelle aus Sant'Abbondio. Das **Museo Storico Giuseppe Garibaldi** im Palazzo Olginati widmet sich der Geschichte der italienischen Unabhängigkeitsbewegung des 19. Jhs. (beide Museen: Di–So 10–18 Uhr; Piazza Medaglie d'Oro 1, Tel. 031 252550).

Im nahen Palazzo Volpi stellt die **Pinacoteca Civica**  c3 neben Gemälden v. a. lombardischer Meister aus sieben Jahrhunderten auch Arbeiten lokaler Künstler aus (Di bis So 10–18 Uhr; Via Diaz 84, Tel. 031 269869).

BEFESTIGUNGEN

Von den mittelalterlichen Befestigungen der Stadt aus dem 12. Jh. sind noch größere Teile der Wehrmauer und drei Türme erhalten: Torre di Porta Nuova, Torre di San Vitale sowie die wuchtige, 40 m hohe **Torre di Porta Vittoria** c3 am Ende der Via Cantù. Auffällig sind ihre mehrreihigen übergroßen Doppelfenster.

Im Keller der nahen Mittelschule wurde ein Rest der römischen **Porta Praetoria** des 2. Jhs. freigelegt.

MUSEO DIDATTICO DELLA SETA DI COMO

Das interessante Seidenmuseum schlüsselt anhand von zahlreichen Exponaten die Geschichte der Seidenherstellung in Como auf und präsentiert sehr schöne Objekte der Webkunst, die ältesten stammen aus dem 13. Jh. (Di–Sa 10–18 Uhr, Erw. 10 €, unter 18 J. 4 €; Via Castelnuovo 9, Tel. 031 303180, www.museo setacomo.com).

CASTELLO BARADELLO ⓗ UND SAN CARPOFORO

Freie Sicht auf die Stadt und den See hat man vom **Castello Baradello** (432 m) aus, dessen malerische Ruine sich am Osthang des Monte della Croce (536 m) erhebt. Unter Friedrich Barbarossa wurde die Feste zur Sicherung Comos errichtet (um 1158); die Visconti bauten sie später aus.

Mit ihrem Namen verbindet sich eine grausame Episode: Ottone Visconti ließ hier seinen Gegner Napo Torriani, den er bei Desio (1277)

gefangen genommen hatte, in einem Gitterkäfig am Bergfried aufhängen. Er soll erst nach 19 Monaten (!) verhungert sein.

Ganz in der Nähe der Burg liegt **San Carpoforo,** vermutlich im 4. Jh. gegründet, die erste Kathedrale von Como. Die romanische Basilika entstand nach 1025; Chor und Apsis werden auf die Mitte des 12. Jhs. datiert.

SANT'ABBONDIO ❶ ▮ b4

Nicht weit von der Piazza Vittoria erhebt sich Sant'Abbondio, einer der bedeutendsten Sakralbauten der lombardischen Frühromanik (Weihe 1095). Das Äußere wird durch Lisenen und Rundbogenfriese gegliedert. In der auffallend plastisch ausgebildeten Apsis ist ein Freskenzyklus von 1350 erhalten, der einem Meister aus Siena zugeschrieben wird. Der sich anschließende **Kreuzgang** mit seinen doppelgeschossigen Arkaden wurde erst im 16. Jh. errichtet.

MUSEO STUDIO DEL TESSUTO ❶ ▮ b/c2

Zum Textilmuseum der Fondazione Antonio Ratti kommt man von der Piazza Cavour über den Lungolario – wo sich übrigens am Abend ganz Como zum Flanieren trifft – nach Westen. 400 Jahre Textilgeschichte in Form von Mustern, Zeichnungen und Entwürfen können hier multimedial aus der Datenbank auf Bildschirme abgerufen werden (geführte Touren nach Voranmeldung; Tel. 031 3384976, www.fondazione ratti.org).

💬 **SEIDE**

Waren es zunächst die *Maestri Comacini* › S. 39, Baumeister und Steinmetze aus der Region, die Comos Ruhm in die Welt trugen und über Jahrhunderte hinweg die lombardische Baukunst prägten, so bestimmte später (und heute noch) die Seide das wirtschaftliche Gedeihen. Um 1510 richtete Pietro Boldoni hier die erste Seidenmanufaktur ein; *pura seta di Como* ist weltweit ein Begriff. In der Region wird etwa ein Viertel der Weltproduktion verarbeitet: Täglich produziert Como ein Stoffband von rund 250 km Länge!

NOVOCOMUM 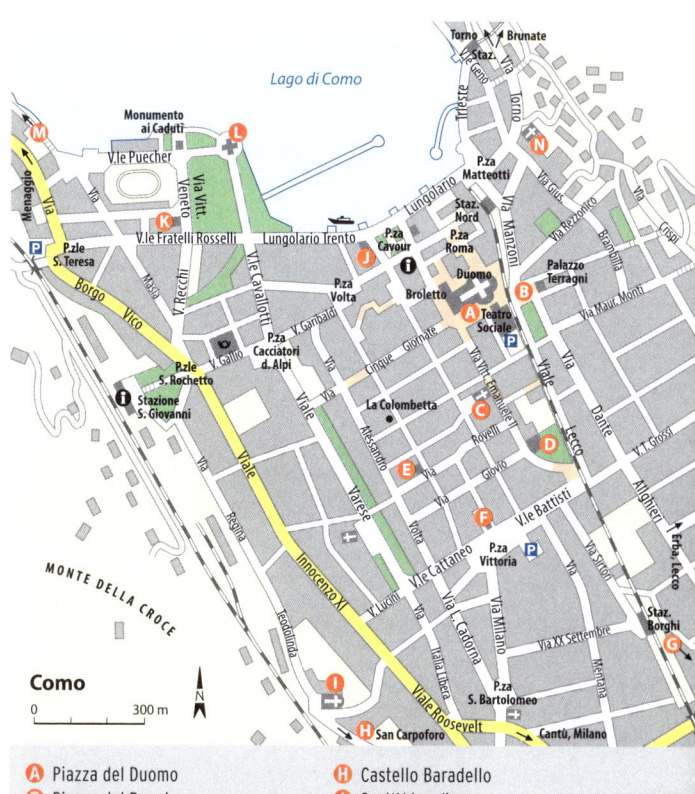 a2

Auf der Rückseite des Sinigaglia-Stadions lässt sich Giuseppe Terragnis erstes großes Bauwerk bestaunen: das Mietshaus Novocomum (1928, Via Sinigaglia 1). Mit Glaszylindern an den Ecken markiert es den Durchbruch rationalistischer Architektur in Italien.

TEMPIO VOLTIANO b1

An der Westseite des Hafens zieht der neoklassizistische Tempio Voltiano den Blick auf sich. Er ist einem berühmten Sohn der Stadt gewidmet: dem Physiker und Entdecker Graf Alessandro Volta (1745–1827). Neben Memorabilien werden von ihm erfundene Batterien gezeigt

- Ⓐ Piazza del Duomo
- Ⓑ Piazza del Popolo
- Ⓒ San Fedele
- Ⓓ Museo Archeologico
- Ⓔ Pinacoteca Civica
- Ⓕ Torre di P. Vittoria
- Ⓖ Museo Didattico della Seta di Como
- Ⓗ Castello Baradello
- Ⓘ Sant'Abbondio
- Ⓙ Museo Studio del Tessuto
- Ⓚ Novocomum
- Ⓛ Tempio Voltiano
- Ⓜ Villa dell'Olmo
- Ⓝ Sant'Agostino

(Di–So 10–12 u. 15–18, Okt.–März 14–16 Uhr; Lungolario Marconi, Tel. 031 574705).

VILLA DELL'OLMO Ⓜ

Die westliche Uferpromenade führt am Fußballstadion und einigen schönen klassizistischen Villen vorbei zur imposanten Villa dell'Olmo, 1782–87 nach Plänen des Tessiners Simone Cantoni in formvollendetem klassizistischen Stil erbaut, verschwenderisch ausgestattet, umgeben von einem großen, öffentlich zugänglichen Park (April–Okt. 8–23 Uhr, Nov.–März 9–19 Uhr). Erster hoher Besucher der Villa war Napoleon, der hier seine spätere Gemahlin Joséphine traf. Die Villa ist zudem Mittelpunkt der kulturellen Aktivitäten in Como. In ihren Räumen finden Konzerte, Theateraufführungen und Ausstellungen statt. Die Villa ist nur während Veranstaltungen zugänglich.

BRUNATE

Von der Piazza Cavour folgt man dem Lungolario nach Osten bis zur Talstation der Standseilbahn. Diese fährt hinauf zum Villenvorort Brunate, dessen Häuser sich an die Ausläufer des **Monte Boletto** (1236 m) schmiegen. Von hier genießt man einen herrlichen Blick über Como und die Bucht. › mehr S. 16 Punkt ㉔ Sehenswert ist die restaurierte **Chiesa di Sant'Andrea** aus dem 17. Jh.; ein beschilderter Wanderweg führt von Brunate an prachtvollen Domizilen vorbei hinab in die Stadt.

Bei der Talstation an der Piazza Amendola steht **Sant'Agostino** Ⓝ

🚩 c1. Im 14. Jh. von Zisterziensern begründet, ist sie einziges Beispiel gotischer Bettelordenarchitektur in Como, mit spätromanischem Portal und Freskenschmuck des 17. Jhs.

INFO
Ufficio IAT Como
• Via G. Albertolli 7 | 22100 Como
  Tel. 031 4493068 | www.lakecomo.com

HOTELS
Metropole Suisse €€–€€€
Gutes, preisgünstiges Hotel im Zentrum Comos. Restaurant mit Sommerterrasse, Bar/Lounge.
• Piazza Cavour 19 | 22100 Como
  Tel. 031 269444
  www.hotelmetropolesuisse.com

Albergo del Duca €€
Familienbetrieb in einem Gebäude aus dem 17. Jh. im Stadtzentrum. Helle und große Zimmer.
• Piazza Mazzini 12 | 22100 Como
  Tel. 0 31 264859
  www.albergodelduca.it

Posta Design Hotel €€
Frisch restaurierte, nette Unterkunft im Zentrum, eingerichtet in einem frühen Bau Giuseppe Terragnis (1929–31).
• Via Garibaldi 2 | 22100 Como
  Tel. 031 2769011
  www.postadesignhotel.com

Villa Flori €€
In einer gewachsenen Parkanlage mit herrlichem Blick auf den See und die Berge bietet die Villa Flori höchsten Wohnkomfort.
• Via Cernobbio 12 | 22100 Como
  Tel. 031 33820
  www.hotelvillaflori.com

Die Kirche Sant'Andrea in Brunate oberhalb von Como

RESTAURANTS

Ristorante Raimondi €€€
Im Restaurant des Hotels Villa Flori sollte man neben den deftigen lombardischen Spezialitäten unbedingt die Bandnudeln mit Hummerkrabben probieren.
• Via Cernobbio 12 | 22100 Como
  Tel. 031 338233
  www.hotelvillaflori.it/ristorante

La Colombetta €€–€€€
Im Restaurant isst man Meeresfrüchte in den mit modernen Gemälden dekorierten Räumlichkeiten einer ehemaligen Kirche. So geschl.
• Via Diaz 40 | 22100 Como
  Tel. 031 262703 | www.colombetta.it

Navedano €€–€€€
Eines der beliebtesten Restaurants in Como mit rustikalem Ambiente, einzigartigem Blumenschmuck und exzellenter Küche. Di, Mi mittags geschl.

• Via G. Velzi 4 | 22100 Como
  Tel. 031 308080
  www.ristorantenavedano.it

Ristorante Sociale €€–€€€
Rustikal, aber mit eleganten Details. Auf der Speisekarte finden Sie viele original italienische Klassiker. Di geschl.
• Via Rodari 6 | 22100 Como
  Tel. 031 264042
  www.ristorantesociale.it

Crotto del Sergente €€
Gehobenes Speisen im urigen Felsenkeller eines alten Bauernhofes, 3 km außerhalb. Probieren Sie den in Öl gereiften Käse aus dem Valsassina, Gnocchi aus Kastanienmehl, Rinderbacke in Rotwein oder Fischgerichte wie *missoltini* (getrocknete Alsen aus dem See). Mi u. Sa mittags geschl.
• Via Crotto del Sergente 13
  22100 Como-Lora | Tel. 031 283911
  www.crottodelsergente.it

Ristorante Caffè Teatro €€

Am Domplatz genießt man regionale Küche in kunstbetontem Ambiente. Di geschl.

  Piazza Verdi 11 | 22100 Como

  Tel. 031 4140363

  www.ristorantecaffeteatro.it

SHOPPING

Armani Factory Shop

Auf drei Etagen werden ca. 15 km südlich von Como Richtung Mailand Armani-Kollektionen zu Superpreisen angeboten. Tgl. (auch So) 10–19.30 Uhr.

- Via Provinciale per Bregnano 12
  22070 Vertemate | Tel. 031 887373

TORNO 📙 D4

Dass der Lario schon immer ein beliebtes Reiseziel war, zumindest für Betuchte, bezeugen die vielen repräsentativen Villen, die sich zwischen Como und Torno (1200 Einw.) an seinen Ufern reihen. Herausragend ist die **Pliniana,** die Pellegrino Tibaldi 1575 für Giovanni Anguissola, den Statthalter von Como, errichtete. Die Villa verzeichnete später auch verschiedene prominente Besucher. Zu Gast waren u. a. Byron, Stendhal, Napoleon, Liszt sowie Rossini, der hier seine Oper »Tancredi« komponiert haben soll. Ein schöner Fußweg (ca. 25 Min.) führt von Torno zur Villa, die nur von außen besichtigt werden kann.

CERNOBBIO 2 📙 D4

In dem eleganten Ferienort Cernobbio reiht sich die **Villa d'Este** in den Reigen berühmter Wohnsitze am Westufer des Lago di Como ein. Das repräsentative Anwesen mit 10 ha großem Privatpark wurde im 16. Jh. von Pellegrino Tibaldi errichtet. Im Lauf der Jahrhunderte residierten hier ein Kardinal, eine Ballerina, ein napoleonischer General, eine russische Zarin und andere Aristokraten. Zu Beginn des 19. Jhs. ließ Karoline von Braunschweig es dem Zeitgeschmack entsprechend umbauen. Heute ist die Villa d'Este eines der besten Luxushotels des Landes. › mehr S. 17 Punkt **33**

HOTELS

Casa Santo Stefano €€

Eine schmucke Villa auf einem Hügel über dem mit viel Liebe zum Detail behaglich eingerichtet.

  Via Caronti 7 | 22012 Cernobbio

  Tel. 031 3347621

  www.casasantostefano.it

Hotel Posta €–€€

Traditionshaus, 3 km nördlich von Cernobbio, mit 17 Zimmern, darunter zwei Familienzimmer.

- Piazza S. Rocco 5 | 22010 Moltrasio
  Tel. 031 290444 | www.hotel-posta.it

RESTAURANT

Il Gatto Nero €€

Schickes, bei »VIPs« beliebtes Restaurant oberhalb von Cernobbio, mit herrlicher Aussicht. Mo und Di mittags geschl.

- Via Montesanto 69 | Loc. Rovenna
  22012 Cernobbio | Tel. 031 512042
  www.ristorantegattonero.it

NIGHTLIFE

Harry's Bar

Nicht nur George Clooney hat es erkannt: Dies ist ein idealer Ort, um sich mit Freunden zum *aperitivo* zu treffen. Reservierung empfohlen! Di geschl.

- Piazza Risorgimento
  22012 Cernobbio | Tel. 031 512647
  www.harrysbarcernobbio.it

LAGLIO 3 ▌▌ E4

Hollywoodflair sagt man dem Ort nach, seitdem Schauspieler George Clooney für angeblich 10 Mio. Dollar die **Villa Oleandra** (17. Jh) kaufte. Hobby-Paparazzi seien gewarnt: Der Aufenthalt in der Nähe des Eingangs der 25-Zimmer-Villa ist untersagt. Die prachtvolle **Villa Regina** hat Clooney seinem Kollegen Tom Cruise verkauft.

VAL D'INTELVI 4 ▌▌ D4

Argegno ist Ausgangspunkt für einen Abstecher in das Val d'Intelvi (bis Lanzo 15 km). Das Tal, eingebettet zwischen der Sighignola (1321 m) im Westen, dem Monte Costone (1441 m) im Osten und dem Sasso Gordona (1410 m) im Süden, ist landschaftlich besonders reizvoll. Berühmt ist es vor allem als Heimat vieler Baumeister, Steinmetze, Stuckateure und Maler: Die *Maestri Antelami* (so genannt nach dem alten Namen der Talgemeinde) prägten nicht nur über Jahrhunderte hinweg den lombardischen Baustil, sie waren zudem auch in ganz Europa, ja sogar im Nahen Osten tätig. Natürlich haben die Maestri auch in ihrer Heimat Spuren hinterlassen. So entdeckt man in der Pfarrkirche von **Scaria** prächtige Stuckaturen von Diego Carlone und Fresken seines Bruders Carlo Carlone. Ein früher Intelveser unbekannten Namens schuf die Saalkirche Sant'Antonio (12. Jh.) von **San Fedele Intelvi** mit herrlichem romanischem Portal, in der Pfarrkirche von **Castiglione d'Intelvi** (17. Jh.) arbeiteten u. a. Giulio Quaglio und Carlo Carlone.

Begünstigt durch die Lage zwischen Comer und Luganer See eröffnen sich bei Wanderungen in diesem Gebiet prächtige Panoramen. Lohnendes Gipfelziel ist der **Sasso Gordona** (1410 m), dessen felsige Pyramide den Talhintergrund von Occagno markant abschließt. Von San Fedele Intelvi aus führt eine aussichtsreiche Wanderung über Pigra zu den Schutzhütten **Rifugio Boffalora** (1200 m) und **Rifugio Venini** (1576 m).

HOTEL

La Locanda del Cantiere €€–€€€
Entzückendes Hotel, nur ein paar Schritte vom Ufer entfernt, liebevoll und stilsicher kürzlich frisch durchgestylte Zimmer, hervorragendes Frühstück

- Via Vecchia Regina Teodolinda 91
  22010 Laglio | Tel. 031 401400
  www.lalocandadelcantiere.it

RESTAURANT

Crotto dei Platani €€
Rustikales, aber dennoch elegantes Grotto zwischen Argegno und Brienno mit hervorragender Küche. Im Sommer speist man auf der Terrasse bei herrlichem Blick über den See.

- Via Regina 73 | 22010 Brienno
  Tel. 0 31 814038
  www.crottodeiplatani.it

See- und Bergblick von der Isola Comacina mit der Kirche San Giovanni

ISOLA COMACINA 📖 E3

Unmittelbar vor Sala Comacina liegt die einzige Insel des Comer Sees, die Isola Comacina, rund 600 m lang und bis zu 200 m breit. Direkte Schiffsverbindungen bestehen außer ab Sala Comacina auch von Argegno, Lenno, Tremezzo und Lezzeno (Inselzutritt 6 €, Kinder 6–14 Jahre 3,50 €; Tel. 0344 56369 www.isola-comacina.it).

Älteste Siedlungsspuren reichen bis in die Römerzeit zurück; im Mittelalter muss hier ein blühendes Gemeinwesen existiert haben. Die Insel war stark befestigt, und man zählte fünf Kirchen. Im Jahr 1169 kam dann das schreckliche Ende für Crisopoli, die »Goldene Stadt«, wie der Volksmund die Insel wegen ihres Reichtums nannte: Es war Comos Rache für den Pakt zwischen der Isola und Mailand im Zehnjäh-

rigen Krieg (1118–1127). Nur noch Mauerreste von der romanischen Basilika Sant'Eufemia haben die Jahrhunderte überdauert. Jeweils zur Johannisnacht (24. Juni) findet zum Gedenken an den Untergang von Crisopoli eine Bootsprozession mit Festessen statt.

RESTAURANT

Locanda dell'Isola €€€

Legendäres Inselrestaurant, bekannt für seine Fischspezialitäten und illustres Publikum. Seit 1947 wird ein inhaltlich unverändertes 6-Gänge-Menü aufgetischt. 12–14, 19–21.30 Uhr, März–Okt., Di geschl.
• Isola Comacina | Tel. 0344 55083 www.comacina.it

OSSUCCIO 5 📖 E3

Der Ort am Eingang ins Val Perlana umfasst mehrere Ortsteile. Wahrzeichen der stattlichen Gemeinde ist die Kirche **Santa Maria Madda-lena**, ein schlichter romanischer Bau im Ortsteil Ospedaletto. Ungewöhnlich ist der Campanile, der im 14. Jh. ein reich gegliedertes Glockengeschoss aus Backstein aufgesetzt bekam.

Auch der Glockenturm von **San Giacomo** (11. Jh.) im Ortsteil Spurano wurde später aufgesetzt. Die Freskenreste im Innern des Gotteshauses stammen vermutlich aus der Bauzeit.

Beim Aufstieg auf den **Sacro Monte di Ossuccio** ⭐ (UNESCO-Weltkulturerbe Sacri Monti ⟩ S. 81, 94; www.sacrimonti.net) über die Via Crucis zu der Wallfahrtskirche **Madonna del Soccorso** (419 m; 16. u. 18. Jh.) verbinden sich Kunst- und Naturgenuss. Wundervoll ist von dort der Blick über den See, auf Bellagio, zu den Grigne und auf den Dosso di Lavedo (332 m), jene bewaldete Halbinsel, die zwischen Ossuccio und Lenno in den See hinausragt und an deren Spitze sich die Villa del Balbianello ⟩ rechts befindet. Hinauf zur Wallfahrtskirche führt auch eine Straße (2 km).

Der weitere Weg ins **Val Perlana** ist dann Wanderern vorbehalten. Kunstliebhaber werden zumindest bis **San Benedetto** (701 m, 1 Std.) gehen, um einen Blick auf die dreischiffige romanische Kirche aus dem 11. Jh. zu werfen.

LENNO 6 📍 E3

Lenno, das sich an die kleine Bucht nördlich des Dosso di Lavedo schmiegt, besitzt eine sehenswerte Kirche: **Santo Stefano,** im 16./17. Jh. stark umgebaut, ist in den Ursprüngen vermutlich langobardisch. Die Hallenkrypta gehört zu einer romanischen Basilika des 11. Jhs. Unter der Kirche wurden Reste römischer Thermen entdeckt. Ob sie allerdings mit der Comoedia, einer der beiden berühmten Villen von Plinius dem Jüngeren, in Verbindung stehen, erscheint fraglich. Das achteckige Baptisterium wird auf das 11. Jh. datiert.

Am Südende der Uferpromenade führt ein Fußweg zur **Villa del Balbianello** (1 km; alternativ auch per Schiff erreichbar). Ende des 18. Jhs. von Kardinal Durini erweitert, war sie häufig Schauplatz rauschender Feste. Zu besichtigen sind die meisterhaft gestaltete Gartenanlage sowie die Villa mit der Sammlung außereuropäischer Kunst des Bergsteigers, Forschungsreisenden und letzten Besitzers Guido Monzino (1928–1988). Ergänzend sind Artefakte seiner mehr als 20 Expeditionen, u. a. zum Nordpol und zum Mount Everest, zu sehen. In jüngerer Zeit wurde das Gebäude zum Drehort der Hollywood-Produktionen »Ocean's Twelve« und »Casino Royale« (Mitte März–Mitte Nov. 10–18 Uhr, tgl. außer Mo u. Mi, Führung obligatorisch, Reservierung empfohlen, da günstiger; Via Comoedia 5, Tel. 0344 56110).

Der kleine Ort **Mezzegra** oberhalb von Lenno ging am 28. April 1945 in die Geschichte ein: Nachdem man sie auf der Flucht in Dongo ⟩ S. 137 gefangen genommen hatte, wurden Benito Mussolini und seine Geliebte Claretta Petacci hier von kommunistischen Partisanen zum Tode verurteilt und vor der Villa Belmonte erschossen. Die Leichen wurden danach in Mailand zur Schau gestellt.

HOTELS

Albergo Lenno €€

Schickes Mittelklassehotel mit Belle-Époque-Fassade, direkt an der Schiffsanlegestelle. Zimmer mit Seeblick, stilvollen Möbeln und Marmorbad. Ein Tipp sind die geräumigen Mansardenzimmer für bis zu sechs Personen.

• Via Lomazzi 23 | 22016 Lenno
  Tel. 0344 57051
  www.albergolenno.com

Hotel San Giorgio €€

Geschmackvolle Villa mit altem Mobiliar, großem Garten und kleiner Badebucht.

• Via Regina 81 | 22016 Lenno
  Tel. 0344 40415
  www.sangiorgiolenno.com

RESTAURANT

Trattoria Santo Stefano €€

Gegenüber vom Baptisterium kann man in familiärem Ambiente exzellent zubereiteten Fisch genießen. Im Winter steht zusätzlich Wild auf der Karte. Mo geschl.

• Piazza 11 Febbraio 3 | 22016 Lenno
  Tel. 0344 55434
  www.santostefanolenno.it

NIGHTLIFE

Lido di Lenno Beach Bar

Der Ort, um eine laue Sommernacht mit einem Hauch Exotik zu verbringen. Sehr schön sitzt man am Sandstrand auf bequemen Kissen unter weißen Stoffbaldachinen. Im Sommer tgl. 10–1.30 Uhr.

• Via Comoedia 1 | 22016 Lenno
  Tel. 0344 57093 | www.lidodilenno.com

TREMEZZO 7 📖 E3

In dem noblen Ferienort herrscht fast immer Hochbetrieb, vor allem um die **Villa Carlotta** 11 in Tremezzo. Das liegt an dem herrlichen Garten, der den Ruhm der Villa in alle Welt getragen hat. Auf mehreren zum See hin abfallenden Terrassen öffnet sich eine exotische Parklandschaft, unter anderem mit Lotosteichen, Zypressen, Lorbeer- und Buchshecken, Zitrushainen, Azaleen, Rosenspalieren sowie Jasminbüschen in harmoischem Zusammenspiel mit dekorativen Elementen wie Statuen und Säulen.

Die Villa, im Kern eine barocke Anlage (1747), erhielt ihr klassizistisches Äußeres zu Beginn des 19. Jhs. 1856 wurde die Sommerresidenz an Prinzessin Marianne von Preußen verkauft, die sie ihrer Tochter Charlotte als Hochzeitsgeschenk vermachte. Nach wie vor beeindrucken die kostbar ausgestatteten Räume, darunter der Große Marmorsaal, und die Kunstsammlung mit Werken von Canova und Thorvaldsen (Kasse Mitte März bis Anf. Nov. tgl. 10–17, April–Mitte Okt. 9–18 Uhr; im Frühjahr/Sommer Konzerte; Via Regina 2, Tel. 0344 40405, www.villacarlotta.it).

INFO

Ufficio IAT Tremezzo

Geöffnet April–Okt.

• Via Regina 3 | 22019 Tremezzo
  Tel. 0344 40493 | www.lakecomo.it

Tremezzo zieht mit mildem Klima und noblem Ambiente seit über 100 Jahren Urlauber an

CADENABBIA 8 📖 E3 UND GRIANTE

Cadenabbia ist der seeseitige Ortsteil von Griante mit noblen Hotels
und Jachthafen. Entspannung am
Hügel oberhalb fand hier der deutsche Exbundeskanzler Konrad Ade-
nauer, der seinen Urlaub oft in der
in einen schönen Park eingebtteten
Villa la Collina verbrachte und Poli-
tiker und andere Persönlichkeiten
empfing. Heute befindet sich in
dem repräsentativen Bau das euro-
päische Begegnungs- und Konfe-
renzzentrum der Konrad-Adenau-
er-Stiftung (Via Roma 11).

Wer nach dem Trubel der Ur-
laubshochburgen etwas Erholung
braucht, der sollte den kleinen Spaziergang landeinwärts nach Griante
unternehmen: Dort findet man
Ruhe, malerische Winkel, alte Ge-
mäuer, und vom Kirchlein San

Martino (457 m; 45 Min.), das auf
einem Felsvorsprung hoch über
dem Ort thront, bietet sich ein be-
zaubernder Blick auf den See und
seine Kulisse.

BELLAGIO 9 12 📖 E3

Mit der Autofähre kann man von
Cadenabbia ans andere Ufer über-
setzen und landet in Bellagio, dem
Logenplatz an der Gabelung zwischen den Armen Lago di Como
und Lago di Lecco. Hier haben
Mensch und Natur wahre Meister-
werke geschaffen – grandios das
Panorama, die Villen und die Gärten. *Bilacus* nannten die Römer ihre
Siedlung, zwischen den Seen. Die
Einheimischen halten es eher mit
dem klingenden Namen *bello-lago*.
Die Villen und Gärten von Bellagio
strahlen noch die Grandezza und
Noblesse des 19. Jhs. aus: ein Ort, an
dem allein die Schönheit regiert –

wie gemacht für Besucher, die zum Genießen kommen. Stilgerecht per Schiff nähert man sich der Punta Spartivento genannten Landzunge.

Der winzige *borgo,* der Altstadtkern, liegt auf der Westseite der Halbinsel. Über enge Treppengässchen steigt man von der Seepromenade hinauf zur Pfarrkirche San Giacomo. Der dreischiffige romanische Bau mit seinem im 17. Jh. umgestalteten Turm bewahrt eine ausdrucksstarke »Grablegung«, die Perugino zugeschrieben wird und um 1500 entstanden sein soll.

VILLA GIULIA UND VILLA SERBELLONI

Doch was wäre Bellagio ohne seine Villen und Parks? Manche blicken auf eine wechselvolle Geschichte zurück, wie etwa die Villa Giulia auf der Ostseite der Landzunge, einstige

Residenz des belgischen Königs Leopold I. (in Privatbesitz).

Auf dem Hügel über dem Ort steht das heutige 5-Sterne Grand Hotel Villa Serbelloni (Via Roma 1, www.villaserbelloni.com, €€€), ein stattlicher Bau, der im Kern noch aus der Renaissancezeit stammt. Ende des 18. Jhs. ließ Alessandro Serbelloni das Gebäude klassizistisch umgestalten und einen riesigen Park anlegen. Er ist heute im Besitz der Rockefeller Foundation und kann im Rahmen einer etwa halbstündigen Führung besichtigt werden (200 m vom Hotel entfernt, Führungen Ostern–Mitte Nov. Di bis So 11 u. 16 Uhr ab Infobüro).

VILLA MELZI

Im Ortsteil Loppia, an der Straße nach Como, findet man den Eingang zum zweiten großen Park von

In der Villa Serbelloni logiert man in feudal-historischem Ambiente

Bellagio: jenen der Villa Melzi (April–Okt. tgl. 9–18 Uhr; Lungolario Manzoni, Tel. 339 4573838, www.giardinidivillamelzi.it). Der kühl-klassizistische Bau von 1815 wurde von Giacomo Albertolli für Francesco Melzi d'Eril erbaut, der damals Vizepräsident der Cisalpinischen Republik unter Napoleon war. Die ausgedehnte **Parkanlage** bezaubert durch ihren überbordenden Reichtum an exotischen Pflanzen. › mehr S. 17 Punkt 🎲 Dem Zeitgeist der Romantik entsprechen die zahlreichen Statuen und Skulpturen im Park; ein »Nymphensee« fehlt ebenso wenig wie eine künstliche Grotte und ein maurischer Tempel.

INFO
Ufficio IAT di Bellagio
- Piazza Mazzini (am Hafen)
  22021 Bellagio | Tel. 031 950204
  www.bellagiolakecomo.com

HOTELS
Hotel Du Lac €€€
Fünfstöckiges Haus in herrlicher Lage direkt am See. Nettes Ambiente, sehr gute Küche, freundlicher Service.
- Piazza Mazzini 32 | 22021 Bellagio
  Tel. 031 950320
  www.bellagiohoteldulac.com

Hotel Centrale Bellagio €€
Kleines gemütliches Hotel am See mit Garten und Terrasse. Im Winter geschl.
- Salita Plinio 7 | 22021 Bellagio
  Tel. 031 951940 | www.hc-bellagio.com

Fioroni €–€€
Familiäres Stadthotel, informelles Ambiente und tendenziell junges Publikum.

- Viale D. Vitali 2 | 22021 Bellagio
  Tel. 031 950392
  www.hotelfioroni.com

RESTAURANTS
Ristorante Mistral €€€
Ettore Bocchias Küche gilt als Versuchslabor italienischer Molekularküche, das Degustationsmenü verrät die Vielfalt der Möglichkeiten. Geöffnet April–Nov., Mo–Fr nur abends, Sa/So (außer Juli/Aug.) auch mitttags, sonst tgl. nur abends.
- Via Roma 1 | 22021 Bellagio
  Tel. 031 956435
  www.ristorante-mistral.com

Ristorante Silvio €€–€€€
Modern mit herrlichem Seeblick und hervorragenden Fischgerichten, sehr zu empfehlen auch die Missoltine-Polenta. März–Nov. geöffnet.
- Via Carcano 12 | 22021 Bellagio
  Tel. 031 950322

AUSFLUG INS VALLASSINA 🔟 📕 E3/4

Eine Kostprobe der traumhaften See- und Bergkulisse bietet eine Fahrt (insgesamt ca. 20 km) auf kurvenreicher, aber gut ausgebauter Straße von Bellagio über **Civenna** (627 m), einem reizvoll über dem Ostarm des Lario gelegenen Ferienort, hinauf zur Wallfahrtskirche **Madonna del Ghisallo** (755 m). Die der Schutzpatronin der Radfahrer geweihte Kirche im Bergdorf **Magreglio** birgt einen ebenso wundersamen wie originellen Schatz an Ex-Votos, Danksagungen an die Madonna, darunter Trikots und

Fahrräder der italienischen Radsportstars Alfredo Binda, Gianni Motta, Fausto Coppi, Francesco Moser, Ercole Baldini, Gino Bartali, Marco Pantani und Mario Cipollini. Weiter südwärts erreicht man das reizvolle Voralpental Vallassina mit dem Hauptort **Asso**.

Der schönste Panoramagipfel im Dreieck zwischen Como, Lecco und Bellagio ist der **Monte San Primo** **11** 📱 E4 (1686 m). Den Aufstieg auf markiertem Weg von Norden verkürzt eine Zufahrt (8 km), die bei Guello von der Ghisallo-Straße abzweigt, auf ca. 2 Std.

MENAGGIO **12** 📱 E3

Der hübsche Ort liegt auf einer kleinen Landzunge an der Mündung des **Val Sanagra.** Hier zweigt die wichtige Verbindungsstraße nach Lugano ab, was dem beliebten Ferienort (v. a. im Sommer) ein permanentes Verkehrschaos beschert.

Schön ist die Promenade am Hafen, und wer einen Stadtrundgang unternimmt, sollte einen Blick in die **Pfarrkirche Santo Stefano** werfen.

Ruhiger ist das Hinterland mit schönen Ausflugs- und Wanderzielen. Vom Weiler **Croce** (392 m) aus rasch zu erreichen ist die **Crocetta a Specchi** (505 m). Von dort bietet sich ein schöner Blick über den See mit seiner Gebirgskulisse. In etwa 1 Std. besteigt man den **Sasso di San Martino** (862 m) mit herrlicher Panoramasicht.

Eine Serpentinenstraße führt nördlich nach **Plesio** (595 m) und weiter bis **Breglia** **13** (749 m) mit dem Kirchlein Madonna di Breglia und dem Aussichtspunkt Belvedere San Domenico (820 m). Für Bergwanderer ist Breglia Ausgangspunkt für Touren zum **Rifugio Menaggio** (1383 m; CAI-Hütte) und weiter zum Bergstock des **Monte Grona** (1736 m, 3 ¾ Std.) sowie zum **Monte Bregnano** (2107 m, 6 Std.).

Die beliebte Sommerfrische Menaggio schmiegt sich an die Berghänge

INFO
Ufficio IAT di Menaggio
• Piazza Garibaldi 3 | 22017 Menaggio
Tel. 0344 32924 | www.menaggio.com

PIANELLO DEL LARIO

14 ⚑ E3

Dank der Umgehungsstraße ruhig liegt der Urlaubs- und Fischerort Pianello del Lario. Für Aktivurlauber ist er ein guter Ausgangspunkt für Touren ins Hinterland, wo die Landschaft zunehmend rauer und alpiner wird, mit hohen, oft schneebedeckten Bergkämmen. Kurze Mountainbike-Routen führen zu den **Monti Gioan** (791 m) sowie zum **Agriturismo Labbio** (1086 m; Einkehr). Bergwanderer können den **Monte Bregnano** (2107 m) über seine Ostflanke besteigen (Südflanke › S. 136).

DONGO **15** ⚑ E2

Der kleine Hafenort liegt am Eingang zum **Val Dongana**, in dem früher Erz abgebaut wurde. Die Gruben sind längst geschlossen, die Eisen verarbeitende Industrie dagegen besteht noch. Zum Erliegen gekommen ist auch der einst rege Saum- und Schmuggelverkehr über den **Passo di San Jorio** (2014 m) ins Tessin. Heute erkunden Bergwanderer von hier aus die landschaftlich reizvolle, weitgehend unberührte italienisch-schweizerische Grenzregion, Mountainbiker pedalieren zur Berghütte **Rifugio Il Giovo** (1706 m).

GRAVEDONA **16** ⚑ E2

In Gravedona am oberen Comer See steht am Ufer der massige **Palazzo Gallio,** 1583 nach Plänen von Pellegrino Tibaldi auf den Fundamenten eines geschleiften Kastells errichtet.

Kunsthistorisch mehr Bedeutung haben die Kirchen: **Santa Maria del Tiglio** (12. Jh.) und die benachbarte Kirche **San Vincenzo** (11. Jh., im 17./18. Jh. umgebaut). Die »Heilige Maria zur Linde« ist eine der bedeutendsten romanischen Kirchen der Region. Die Fassade wird dominiert von dem hohen, oben achteckigen Turm. Im Innern breitet ein monumentaler Christus (13. Jh.) weit seine Arme aus. Über dem Ort thront **Santa Maria delle Grazie** aus dem Jahr 1467 mit schönen Wandmalereien (15./16. Jh.) im Kreuzgang.

RESTAURANT
Ristorante Ca' De Matt €€
Die Osteria bietet eine kleine Speisekarte mit authentischer Regionalküche. Ausgezeichnetes Weinsortiment und nette Atmosphäre. Mi geschl.
• Via Castello 6 | 22015 Gravedona
Tel. 0344 85640

DOMASO **17** ⚑ E2

Der Südwind Breva und der aus Norden wehende Tivano machen Domaso zum Szenetreff der Wind- und Kitesurferszene, mit einem großen Angebot an Campingplätzen. Der lange Strand an der Mündung des Livio trägt zur Beliebtheit des Ferienortes bei.

HOTEL

Residence Leggeri €€

Villa mit Ferienwohnungen, direkt am See.

• Via Regina 12 | 22013 Domaso
  Tel. 0344 83445
  www.residenceleggeri.com

SORICO 18 🏛 F2

Die nördlichste Ortschaft am Comer See liegt an der Flussmündung
der Mera. Gegenüber erstreckt sich
der **Piano di Spagna,** eine von
Wanderwegen durchzogene Ebene.
Zusammen mit dem kleinen **Lago
di Mezzola** steht sie als Naturreser-
vat unter Schutz.

Von **Gera Lario** führen Mountainbike-Routen zur Alpe di Mezzo,
zum Montalto und zum Pighe.

Windsurfer vor Colico

HOTEL

Hotel del Mera €

Kleines Hotel, einfacher Standard, freundlicher Service, Zimmer mit Balkon und Seeblick, Restaurant im Haus.

• Via Dascio 11 | 22010 Sorico
  Tel. 0344 84147 | www.hoteldelmera.it

COLICO 19 🏛 F2

Nördlichste Ortschaft am Ostufer
des Sees ist Colico. Wind- und
Kitesurfer kommen gerne hierher
und nutzen den lokalen Südwind
(Breva), der vom späten Vormittag
bis abends beständig weht.

Die schroffen Berge rundum ver-
leihen der Landschaft hier einen
herb-alpinen Zug. Gut in dieses Bild
fügen sich die Ruinen des **Forte di
Fuentes** auf dem Hügel Montecchio
nordöstlich von Colico ein. Sie
stammen von einer 1782 bzw. 1786
durch die Franzosen geschleiften
Festung, die der Spanier Graf Fuentes – Anfang des 17. Jhs. Gouver-
neur des Herzogtums Mailand – zur
Grenzsicherung gegen die Schweizer anlegen ließ.

Weitgehend intakt ist hingegen
das benachbarte **Forte Montecchio
Nord** aus dem Ersten Weltkrieg.
Hier kann man die vier größten italienischen Kanonen bestaunen (Besuch im Rahmen von Führungen,
im Aug. tgl., sonst nur an best.
Tagen oder auf Anfrage, Termin-
kalender online; Via alle Torri 8,
Tel. 0341 940322, www.fortemontec
chionord.it).

Colico ist auch ein Ausgangspukt
für Bergtouren im Hinterland. Ab
Maggioreno führen z. B. schöne

Wanderwege zu den Berghütten **Scoggione** (1575 m, 2 ½ Std.) und **Roccoli Lorla** (1469 m, 4 Std.); geübte Bergwanderer können von hier aus auch den **Monte Legnone** (2609 m, 7 Std.) besteigen. Ein beliebtes Ziel von Mountainbikern ist die **Alpe Rossa** (1134 m).

HOTEL

Risi €€
Komfortables Hotel mit Restaurant an der Seepromenade, sehr zuvorkommender Service.
• Lungolago Polti 1 | 23823 Colico
  Tel. 0341 933089 | www.hotelrisi.com

AKTIVITÄTEN

KTS40 Windrevolution
Surf- und Kitesurfschule mit Verleih, auch Katamaran, Kanu und SUP. > mehr S. 12
Punkt ❸
• Via Vignolo 11 | 23823 Colico
  Mobil-Tel. 320 462799
  www.kts40.com

ABBAZIA DI PIONA

20 ◖ F2

Romantisch auf der Spitze einer Halbinsel steht die **Chiesa di San Nicolò,** (1138) eine einfache Hallenkirche mit halbrunder Apsis und offenem Dachstuhl. Der Kreuzgang stammt aus dem 13. Jh. Ursprünglich im 11. Jh. von Cluniazensern besiedelt, wurde Piona im 15. Jh. eine Ordenspfründe und verfiel. Heute wohnen in der Abtei Zisterzienser, die einen vorzüglichen Kräuterlikör produzieren, ebenso wie Honig, Kräutertees u. v. a. m. – alles

erhältlich im **Klosterladen** (tgl. ca. 9.15–11.45 u. 14.30–17.45 Uhr).

HOTEL

Villa Colico €–€€
Nettes kleines, bunt möbliertes Hotel am Weg zum Kloster.
• Via Nazionale 100 | 23823 Colico
  Tel. 0341 930490 | www.villacolico.it

BELLANO **21** ◖ E3

Auch hier findet man den für die Region typischen engen Dorfkern. Die Kirche **Santi Nazaro e Celso** wurde Mitte des 14. Jhs. von Baumeistern aus Campione und dem Intelvi-Tal errichtet. Eine Fensterrose ziert die schwarz-weiß gestreifte Fassade.

Die Hauptattraktion von Bellano ist der **Orrido di Bellano,** die wildromantische Klamm des Pioverna-Baches (Jan.–Febr. u. Nov.–Dez. Sa/So 11–17, März Sa/So 10–18, April–Mai u. Okt. Mo–Fr 10–13, 15–18, Sa/So 10–19, Juni u. Sept. tgl 10–19, Juli–Aug. tgl. 10–22 Uhr; Infos: Mobil-Tel. 335 1752102).

RESTAURANT

Cavallo Bianco €
Beliebtes Restaurant mit Seeterrasse, leckere Pizze. Mo geschl.
• Via Vittorio Veneto 29
  23822 Bellano | Tel. 0341 810307

VARENNA **22** ◖ E3

Varenna liegt an der breitesten Stelle des Sees (4,5 km). Kurz vor dem Ortseingang liegt links am See die **Villa Monastero** mit ihrem prächti-

Varenna liegt eingebettet zwischen Comer See und Bergmassiven

gen Park. Idyllische Wege und Treppen führen durch die terrassierte Anlage mit ihrer Vielzahl exotischer Bäume, vorbei an Balustraden, Statuen, Brunnen und kleinen Tempeln. Der Bau geht auf ein Nonnenkloster zurück, das 1208 von Zisterzienserinnen gegründet und 1567 vom hl. Karl Borromäus aufgelöst wurde. Nach mehreren Besitzerwechseln und Umbauten ging die prunkvolle Villa 1953 in Staatsbesitz über (Park März–Anf. Nov. tgl. 10–17, Juli–Aug. bis 19 Uhr, Villa März–Mai u. Sept. Di–So, Aug. tgl., Okt u. Nov. Sa/So/Fei, Sept. bis Nov. nur Fr–So/Fei 10–17 Uhr, Aug. tgl.; Tel. 0341 295450, www.villa monastero.eu).

Varennas Ortskern wird überragt vom Turm der Pfarrkirche **San Giorgio**. Die Fassade der um 1300 erbauten Basilika (mehrfach umgestaltet) ziert eine Freskenmalerei aus dem 14. Jh. mit dem Bildnis des hl. Christophorus.

Kunstausstellungen und eine Falknerei bietet das **Castello di Vezio** hoch über Varenna, mit einer Führung kann man auch die alten Geheimgänge der Festung besuchen (März–Nov. Mo–Fr 10–17, Sa/So 10 bis 18 Uhr, April–Sept. je 1 Std. länger; Mobil-Tel. 333 4485975, www. castellodivezio.it). › mehr S. 13 Punkt ❿ Und wer mag, kann sich hier einquartieren, denn einen gepflegten Agriturismobetrieb gibt es auf der Burg auch (€–€€).

Ein wahres Kuriosum ist der **Fiumelatte**, der »Milchbach«, wenige Kilometer südlich von Varenna. Er entspringt etwa bei Kilometer 20 oberhalb der Bahnlinie und mündet nach nur 250 m in den See. Das milchige Gewässer sprudelt aufgrund eines geologischen Phänomens vom Frühjahr bis zum Herbst: Das Schmelzwasser in den Grigne sickert durch den Kalkfelsen und tritt nur wenig oberhalb des Seespiegels durch eine Grotte wieder zu Tage.

INFO
Pro Loco Perledo – Varenna – Esino
• Via per Esino 3 | 23828 Perledo
Tel. 0341 814009
www.prolocolario.it

HOTEL
Villa Cipressi €€–€€€
Exklusives Hotel in historischem Gebäudekomplex (15.–19. Jh.) mit individuell eingerichteten Zimmern. Terrassierte Gärten zum See.
• Via IV Novembre 18
23829 Varenna | Tel. 0341 830113
www.hotelvillacipressi.it

RESTAURANT
Vecchia Varenna €€
Die ausgezeichneten Fischgerichte lässt man sich am besten auf der Terrasse am See servieren. Mai–Ende Okt. kein Ruhetag, sonst Mo geschl.
• Contrada Scoscesa 10
23829 Varenna | Tel. 0341 830793
www.vecchiovarenna.it

ESINO LARIO 23 ▮ E3

Im Hinterland von Varenna erhebt sich **San Vittore,** die Pfarrkirche von Esino Lario. Von oben (912 m) bietet sich ein weiter Blick nach Westen bis zum Luganer See.

Exponate zu Geschichte, Natur und Kultur aus der Gegend zeigt das **Museo delle Grigne** in der Villa Clothilde (geöffnet in den italienischen Sommer-/Winterferien, Öffnungszeiten auf Anfrage unter Tel. 0341 860111; Via Montefiori 19).

MANDELLO DEL LARIO
24 ▮ E4

Berühmt ist Mandello del Lario v. a. durch die Motorräder der Firma Moto Guzzi, gegründet 1921, die bis 1957 auch auf den Rennstrecken Europas erfolgreich waren. Im **Museo Moto Guzzi** ist auf zwei Etagen die Unternehmensgeschichte dokumentiert. ▶ mehr S. 16 Punkt 27 Über 150 Motorräder und Motoren zeugen von der Entwicklung der legendären Marke, darunter das erste von Carlo Guzzi konstruierte Motorrad (1919), die weltberühmte »Otto Cilindri« (1956) des Designers Giulio Cesare Carcano, die »Airone«, 1939–1957 Italiens meistverkauftes Mittelklassemotorrad, und natürlich die ab 1966 bis heute gebauten Modelle der V-Zweizylinder-Guzzis (Mo–Fr 15–16, Juli 14.30–16.30 Uhr, Aug. geschl., Eintritt frei; Via Parodi 57, Tel. 0341 709111, www.motoguzzi.com).

Bei Concessionaria Agostini srl (Via Statale 60, Tel. 0341 735448, www.agostinimandello.com) können Liebhaber aktuelle Moto-Guzzi-Motorräder auch für eine Stunde bis zu mehrere Wochen mieten.

Neben PS-starker Technik hat Mandello aber auch Kunsthistorisches zu bieten: die Pfarrkirche **San Lorenzo** mit Baubestand des 9., 12. und 17. Jhs., alte Bürgerhäuser mit Arkadengängen und die reich ausgestattete Kirche **Madonna del Fiume** (1642), eine der geglücktesten Barockschöpfungen der Region. In die naiv wirkende Farben- und Formenwelt des Spätmittelalters entführt das Kirchlein **San Nicolò** (15. Jh.), das am Ortseingang wenig oberhalb der Straße steht.

HOTEL

Mamma Ciccia €
Sympathisches B & B in der Fußgängerzone, Zimmer und Appartements. Kostenloser Fahrradverleih für Gäste.
• Piazza Roma 15
  23826 Mandello del Lario
  Tel. 0341 733358 | www.mammaciccia.it

RESTAURANT

Sali e Tabacchi € – €€
Osteria mit Bar und Tabakladen in den Räumen einer alten Bäckerei. Je nach Jahreszeit werden Spezialitäten wie Tortino mit Bittokäse und Steinpilzen und Tagliolini mit Missoltini (Fisch aus dem See) serviert. Mo/Di geschl.
• Piazza San Rocco 3
  22010 Mandello del Lario-Maggiana
  Tel. 0341 733715
  www.osteriasalietabacchi.it

ABBADIA LARIANA 25 ▮ E4

Der Name des Ortes am Ostufer des Lago di Lecco, dem östlichen Arm des Sees, weist auf ein ehemaliges Benediktinerstift hin. Alte Bausubstanz hat sich vor allem in den höher gelegenen Ortsteilen erhalten. Einen hübschen Ausblick bietet der **Monte di Borbino** (486 m; 30 Min.).

In der alten Seidenfabrik hat man das Seidenmuseum **Civico Museo Setificio Monti** eingerichtet, dessen Herzstück eine wasserbetriebene Seidenspinnmaschine bildet, die größte ihrer Art in Europa (Mi–Fr 14–18, Sa 10–12 Uhr; Via Nazionale 93, Tel. 0341 700381, www.museoabbadia.it). Im Museum kann man sich auch nach Adressen von Fabriken erkundigen, die Seide im Direktverkauf zu recht günstigen Preisen anbieten.

LECCO 26 ▮ F4

Von Leccos einstiger Schönheit und vom historischen Siedlungskern ist nur noch wenig erhalten, Industrieanlagen und Neubauten bestimmen heute das Bild der Provinzstadt (48 000 Einw.). Auch wenn die Geburtsstadt des großen Romanciers der Romantik, Alessandro Manzoni (1785–1873, › S. 143), nur wenige Höhepunkte bietet, rechtfertigt die wanderbare Bergwelt um die Stadt einen längeren Aufenthalt.

Vermutlich war Lecco schon in prähistorischer Zeit besiedelt. Gesichert ist die Eroberung der Stadt durch die Römer, die späteren Herren bescherten Lecco ein wechselvolles Schicksal. Erst unter den Habsburgern setzte ein kontinuierlicher Aufschwung ein. Mit Beginn der Industrialisierung gewannen die Seiden- und später die Metallindustrie mehr und mehr an Bedeutung. Letzere ist noch heute wichtigster Wirtschaftszweig der Stadt.

ALTSTADT

Der alte Siedlungskern liegt im Rücken einer kleinen Seebucht nahe des Adda-Abflusses, weithin sichtbar überragt vom 96 m hohen Turm der im 19. Jh. klassizistisch umgestalteten **Basilica di San Nicolò**. Die engen, teilweise autofreien Gassen zwischen der Via Cavour und dem Lungolago laden mit ihren Geschäften, die u. a. die neuesten Modetrends oder lombardische Spezialitäten feilbieten, zum Flanieren ein.

In die Südwestecke der Piazza XX Settembre ist die zinnengekrönte **Torre Viscontea** eingebunden, ein Überrest der von den Visconti errichteten Festung aus dem 14. Jh. Auf die Zeit der Visconti geht auch der 1338 fertiggestellte **Ponte Azzone Visconti** zurück, welcher die Adda unterhalb der verkehrsreichen Kennedy-Brücke überspannt.

VILLA MANZONI

Im Ortsteil Caleotto steht die Villa Manzoni, ein klassizistischer Bau des 18. Jhs., in dem Alessandro Manzoni (1785–1873) seine Jugend verbrachte. Im Erdgeschoss erinnert das **Museo Manzoniano** an den berühmten Dichter. Die **Galleria Comunale d'Arte** im ersten Stock zeigt eine Gemäldesammlung mit Werken aus dem 17. und 18. Jh. sowie zeitgenössischer Künstler (Di bis Fr 9.30–18, Sa/So 10–18 Uhr; Via Guanella 7, Tel. 0341 481247, www.eccolecco.it).

In der an der Villa beginnenden Via Amendola (Ecke Via Ghislanzoni) findet jeden Mittwoch und Samstag ein bunter **Markt** statt.

Blick auf Lecco mit der Basilika San Nicolò

PALAZZO BELGIOJOSO

Der Palast aus dem 18. Jh. beherbergt drei Museen: Das **Museo di Storia Naturale** präsentiert u. a. Gesteine und Versteinerungen aus den nahen Bergen; das **Museo Archeologico** zeigt vorgeschichtliche und römische Funde, u. a. ein kostbares Relief aus dem 1. Jh. v. Chr.; und in den **Sale della Resistenza** wird die Ära der Unabhängigkeitskämpfe dokumentiert (Di–Fr 9.30 bis 14, Sa/So 10–18 Uhr, 6 €; Corso Matteotti 32, Tel. 0341 481248).

MAGGIANICO

Kunstfreunde sollten auch der **Pfarrkirche** im Vorort Maggianico einen Besuch abstatten: Sie ist mit mehreren Gemälden von Bernardino Luini und Gaudenzio Ferrari ausgestattet (Piazza S. Andrea 6).

HOTEL

Hotel San Gerolamo €–€€

Familiär geführtes 3-Sterne-Hotel am Lago di Garlate, 5 km südl. von Lecco. 10 geräumige Zimmer, 4 Appartements und beliebtes Restaurant mit großer Weinauswahl.

- Via San Gerolamo 56
  23808 Vercurago | Tel. 0341 420429
  www.hotelsangerolamo.it

RESTAURANTS

Ristorante al Porticciolo 84 €€€

Ein Feinschmeckerlokal, das man so schnell nicht vergisst. Mi–Sa nur abends, So auch mittags, Mo/Di geschl.

- Via Fausto Valsecchi 5/7
  23900 Lecco | Tel. 0341 498103
  www.porticciolo84.it

Antica Osteria Enoteca Casa di Lucia €€

Traditionelle Gerichte wie Bandnudeln mit Hasensugo und frischen Pilzen, Missoltino vom Grill mit Polenta und Tagliolini mit Forellensugo. Sa mittags und So geschl.

- Via Lucia 27 | 23900 Lecco-Acquate
  Tel. 0341 494594

CIVATE 27 ▮ E4

Kunstfreunde kommen nicht um den Ort Civate herum. Von ihm aus erreicht man nach knapp einer Stunde Fußweg durch das Valle dell'Oro am Osthang des Monte Cornizzolo die Kirche **San Pietro al Monte** (662 m). Ursprünglich war San Pietro als einfache Saalkirche mit Ostapsis angelegt. Erst im 11. Jh. wurde der Eingang auf die Ostseite verlegt, um eine direkte Verbindung zum tiefer gelegenen **Oratorio San Benedetto,** einem romanischen Zentralbau, zu errei-

chen. Seine überragende kunsthistorische Stellung gewinnt San Pietro durch Fresken und Stuckaturen des späten 11. Jhs., die den Einfluss byzantinischer Künstler zeigen (beide So 9–12 u. 13.30–16, März–Nov. auch Sa 10–12 u. 13–15 Uhr).

DIE BERGE UM LECCO

Die Umgebung von Lecco ist ein wahres Paradies für Bergsteiger. Gegen Osten hin bildet der bis zu 1875 m hohe Kamm des Monte Resegone einen markanten Abschluss. Unmittelbar über den Dächern der Stadt Lecco ragt der 1028 m hohe **Corno Medale** in den Himmel. Bereits 1881 wurde in dem Bergmassiv Le Grigne eine erste Schutzhütte für Bergsteiger errichtet. Noch vor 1900 stand auch auf dem höchsten Punkt des Massivs, dem 2409 m hohen Grignone, ein *rifugio* (Schutzhaus).

Heute sind die Berge rund um Lecco durch ein dichtes Netz von Wanderwegen gut erschlossen. Zusätzlich gibt es rund ein Dutzend *vie ferrate* (Klettersteige) sowie mehrere im Sommer bewirtschaftete *rifugi* (Schutzhäuser). Und im Winter kann man bei genügend Schnee sogar Ski fahren, zum Beispiel auf gut 1300 m Höhe auf den Piani d'Erna am Resegone › S. 145.

PARCO REGIONALE DELLA GRIGNA 28 ▮ F4

Zusammen mit dem Monte Resegone bilden die Grigne das felsig-alpine Hinterland Leccos. Hauptgipfel des fast 100 km² umfassenden Kalkmassivs, das sich zwischen dem

Blick vom Corno Medale auf Lecco

Ostufer des Lario und der Valsassina erhebt, sind der 2409 m hohe **Grignone** (auch Grigna Settentrionale) und die 2177 m hohe **Grignetta** (auch Grigna Meridionale). Den besten Ausgangspunkt erschließt die 8 km lange Serpentinenstraße zu den **Piani di Resinelli** (1280 m). Sie zweigt im Örtchen Ballabio ab und führt hinauf zum Mittelgebirgsplateau zwischen dem Monte Coltignone (1473 m) und der Südlichen Grigna (2177 m).

Markierte Wege führen zum **Rifugio Rosalba** (1720 m, 2 ¾ Std.) sowie zur Grignetta (2177 m, 2 ½ Std., nur für Geübte). Eine interessante, teils gesicherte Gratroute verbindet die Südliche Grigna mit dem Grignone (3 Std.).

MONTE RESEGONE 29 ▮ F4

Das Pendant zu den Grigne bildet im Osten von Lecco der 1875 m hohe Monte Resegone, ein beliebtes Wandergebiet mit markierten Anstiegswegen; im Winter herrscht hier Skibetrieb. Die Seilschwebebahn *(funivia)* zu den 1329 m hohen **Piani d'Erna** (Juni–März; Talstation Via Prealpi, Loc. Malnago, www.pianidibobbio.com) verkürzt den langen Zugang auf gut 2 Std.

Wer nicht zum Resegone aufsteigen will, wandert ab der Bergstation auf einem Lehrpfad mit 20 Stationen. Ansonsten erfolgt der Anstieg durch den »Canale del Bobbio«, für den Trittsicherheit erforderlich ist. Inklusive Abstieg zur Talstation dauert die Tour etwa 5 Std.

EXTRA-TOUREN

Mediterran-alpines Ambiente
im Tessiner Urlaubsort Brissago
am Lago Maggiore

LA DOLCE VITA FÜR ZWEI WOCHEN

ROUTE: Ascona › Verbania › Stresa › Borromäische Inseln › Orta San Giulio ›
Angera › Luino › Lugano › Varese › Como › Lenno › Tremezzo › Mandello del Lario

KARTE: siehe Faltkarte / Klappe hinten
DISTANZEN: Locarno › Stresa 55 km › **Isole Borromee; Stresa › Orta S. Giulio**
30 km; **Orta S. Giulio › Angera** 40 km; **Angera › Luino** 45 km; **Luino › Lugano**
25 km; **Lugano › Varese** 40 km; **Varese › Como** 30 km; **Como › Lenno** 25 km, **Lenno**
› **Tremezzo/Griante** › **Varenna** Fähre, 20 Min.; **Varenna › Mandello del Lario** 15 km
VERKEHRSMITTEL: Die Tour ist als Individualreise mit dem eigenen Pkw angelegt.

Mediterranes Ambiente, nette Cafés und die Mystik des Monte Verità sollten Sie während einiger Tage in **Locarno** › S. 60 und **Ascona** › S. 66 bereits
genossen haben, bevor Sie sich auf den Weg nach Süden machen. Zigarren-
freunde besuchen in **Brissago** › S. 69 das Centro Dannemann, bevor es
nach **Verbania** › S. 72 und zu den Gärten der **Villa Taranto** › S. 74 geht. Die
Borromäischen Inseln › S. 78 sind selbst für Kulturmuffel ein Höhepunkt.
Wie wäre es dann mit einer Villenschau in **Stresa** › S. 76, Designerware von
Alessi in **Omegna** › S. 82 oder einem Bummel durch **Orta San Giulio** › S.80?
Die nächsten Höhepunkte bilden die Burg von **Angera** › S. 84, das Pfeifen-
museum in **Brebbia** › S. 86 und das Museum für Keramikdesign in **Laveno**
› S. 87. Trubel herrscht auf dem Mittwochsmarkt in **Luino** › S. 87.

Ein Katzensprung ist es zum Luganer See, wo Sie in **Lugano** › S. 98 inter-
nationales Flair, in **Morcote** › S. 110 exotische Momente und in **Melide**
› S. 108 die Schweiz »en miniature« erleben. Gut dinieren können Sie dann
in **Campione d'Italia** › S. 111. Die beste Aussicht auf den Luganer See genießen Sie bei **Arogno** › S. 113, Schnäppchen locken in **Mendrisio** › S. 114. Von
dort aus führt ein Abstecher zur Villa Panza in **Varese** › S. 91.

Urbanes Ambiente lockt in **Como** › S. 120. George Clooneys Villa steht im
nahen **Laglio** › S. 129, und zum stilvollen Dinner lädt die **Isola Comacina**
› S. 130, zu der von Ihrer Unterkunft in **Lenno** › S. 131 aus Schiffe fahren.
19.-Jh.-Noblesse zeigt in **Tremezzo** › S. 132 die Villa Carlotta, und nach der
Überfahrt von Griante ins pittoreske **Varenna** › S. 139 zieht es Motorradfans
in **Mandello del Lario** › S. 141 zum Geburtsort der »Guzzis«. Als Übernach-
tungsstationen empfehlen sich Locarno oder Ascona, Stresa, Luino, Lugano,
Como und Lenno.

TOUR 10

KULTURELLE HÖHEPUNKTE IN 14 TAGEN

ROUTE: Locarno/Ascona › Stresa › Borromäische Inseln; Stresa › Orta San Giulio › Stresa › Sesto Calende › Laveno › Varese › Como › Lugano › Bellagio › Abbazia di Piona › Gravedona

KARTE: siehe Faltkarte / Klappe hinten
DISTANZEN: Locarno/Ascona › **Stresa** 55 km; **Stresa** › **Borromäische Inseln**; **Stresa** › **Orta San Giulio** 30 km; **Orta San Giulio** › **Stresa** 40 km; **Stresa** › **Laveno** 55 km; **Laveno** › **Varese** 30 km; **Varese** › **Como** 50 km; **Como** › **Lugano** 35 km; **Lugano** › **Bellagio** 35 km, Fähre ca. 5 Min.; **Bellagio** › **Colico** 70 km; **Colico** › **Gravedona** 20 km
VERKEHRSMITTEL: Die vorgeschlagene Tour ist bevorzugt als Individualreise mit dem eigenen Auto zu unternehmen.

Nach drei Tagen, in denen Sie die Altstädte und Museen von **Locarno** › S. 60 und **Ascona** › S. 66 entdeckt und Ausflüge nach Brione im **Val Verzasca** › S. 65 und zu den **Isole di Brissago** › S. 66 unternommen haben, fahren Sie nach **Verbania** › S. 72, um die Gärten der Villa Taranto und das Museo del Paesaggio zu besichtigen. Noch am selben Abend geht es weiter nach **Stresa** › S. 76, wo Sie für die folgenden drei Nächte eine der zahlreichen Unterkünf-

Verbanias Villa Taranto vor alpiner Kulisse

te wählen. Der nächste Tag ist dem Besuch der **Borromäischen Inseln** › S. 78 gewidmet, tags darauf unternehmen Sie eine Rundfahrt zum **Lago d'Orta** › S. 79. Per Boot geht es auf die **Isola di San Giulio** › S. 81, und auf dem Rückweg stehen der **Sacro Monte d'Orta** › S. 81 und **Arona** › S. 82 auf dem Programm. Am nächsten Tag widmen Sie sich den Spuren der Golasecca-Kultur in **Sesto Calende** › S. 84 und der borromäischen Burg von **Angera** › S. 84, bevor Sie **Santa Caterina del Sasso** › S. 86 besuchen. Nach einer Übernachtung bei **Laveno**

> S. 87 steht die Villa della Porto Bozzolo in **Casalzuigno** › S. 96 auf dem Programm, bevor es in die Provinzhauptstadt **Varese** › S. 91 geht. Ein Stadtspaziergang und der Besuch der Villa Panza runden den Tag ab. Auf dem Weg nach Como ist ein Abstecher nach Süden eingeplant, um Santa Maria foris portas in **Castelseprio** › S. 97 und **Castiglione Olona** › S. 96 zu besuchen. Der Abend und der nächste Tag gehören dem eleganten **Como** › S. 120.

Auf dem Weiterweg zum Luganer See haben Sie die bedeutenden Sakralbauten von **Riva San Vitale** › S. 113 schnell erreicht, bevor Sie **Lugano** › S. 102 ansteuern. Lassen Sie sich für die Stadt und ihr Umland ruhig zwei Tage Zeit. Danach fahren Sie nach **Tremezzo** › S. 132, um die Villa Carlotta zu besichtigen. Das Auto kommt mit auf die Fähre nach **Bellagio** › S. 133, wo Sie ein Hauch von Belle Époque empfängt. Am nächsten Tag folgen Sie der Uferstraße nach **Civate** › S. 144 und nach einem kurzen Rundgang durch **Lecco** › S. 142 geht es weiter zur **Abtei von Piona** › S. 139. Nach einer letzten Übernachtung in der Villa Colico folgt nochmals ein Abstecher zum Westufer, um die beiden Kirchen in **Gravedona** › S. 137 nicht zu verpassen.

OHNE AUTO UM DIE SEEN IN 14 TAGEN

ROUTE: Locarno › Verbania › Stresa › Borromäische Inseln › Angera › Santa Caterina del Sasso › Stresa › Luino › Ponte Tresa › Lugano › Como › Lenno › Bellagio › Gravedona › Colico › Varenna

---

KARTE: siehe Faltkarte / Klappe hinten
LÄNGE: Locarno › Verbania per Boot, ca. 2,5 Std.; **Verbania** › Stresa per Boot, ca. 50 Min.; **Stresa** › Luino per Boot, ca. 45 Min.; **Luino** › Ponte Tresa per Bus ab Piazza della Libertá, ca. 35 Min.; **Ponte Tresa** › Lugano per Zug, ca. 55 Min.; **Lugano** › Como Zug, ca. 45 Min.; **Como** › Lenno › Bellagio per Boot 10 Min.; **Bellagio** › Gravedona per Boot 40 Min.; **Gravedona** › Colico per Boot 10 Min.; **Colico** › Varenna per Boot oder Zug ca. 30 Min.
VERKEHRSMITTEL: Diese Art des Reisens erfordert etwas Planungsaufwand; je nach Route fällt die Fahrtdauer zwischen den Häfen z. T. unterschiedlich aus. Hotels in der Nähe des Bootsanlegers sparen Taxikosten.

Nach zwei Tagen in **Locarno** › S. 60 und **Ascona** › S. 66 steigen Sie am Sonntag in Locarno ins Tragflügelboot, das Sie über den See nach **Verbania** › S. 72 bringt, direkt zu den Gärten der Villa Taranto. Nutzen Sie den Nachmittag für Museumsbesuche, bevor Sie am folgenden Tag nach **Stresa** › S. 76 weiterreisen, wo Sie für zwei Nächte Ihr Quartier beziehen und einen Ausflug zu den **Borromäischen Inseln** › S. 78 unternehmen. Am nächsten Tag geht es nach **Angera** › S. 84 und **Santa Caterina del Sasso** › S. 86. Mittwochs ist Markttag in **Luino** › S. 87, nehmen Sie das frühe Boot. Nach dem Marktbummel bleibt noch Zeit für einen Ausflug mit dem Bus zur Villa della Porta Bozzolo in **Casalzuigno** › S. 96.

Am nächsten Tag bringen Sie Bus und Bahn nach **Lugano** › S. 102, wo Sie für drei Nächte bleiben – genug, um die Stadt zu erkunden und Kreuzfahrten nach **Caslano** › S. 108, **Riva San Vitale** › S. 113 und **Cantine di Gandria** › S. 110 zu unternehmen. Am Sonntag bringt Sie der Zug nach **Como** › S. 120, wo Sie sich den Museen widmen und am Folgetag durch die Stadt bummeln. Dienstags geht es per Boot nach **Lenno** › S. 131 und **Tremezzo** › S. 132. Dort können Sie die Villen Balbianello und Carlotta besichtigen. Ihr Hotel finden Sie in Lenno. Tags darauf folgt eine kurze Bootsfahrt nach **Bellagio** › S. 133, um dort den Tag (und eine Nacht) zu verbringen. Der Ausflug am Folgetag zeigt Ihnen schließlich die Kirchen von **Gravedona** › S. 137, die **Abbazia di Piona** › S. 139 und **Varenna** › S. 139.

ZWEI WOCHEN WANDERURLAUB AN DEN SEEN

> **ROUTE:** Locarno › Alpe di Neggia; Locarno › Malcantone › Cavargna › Sorico (Alto Lario) › Lecco (Le Grigne/Resegone)
>
> **KARTE:** siehe Faltkarte / Klappe hinten
> **LÄNGE:** **Locarno** › **Alpe di Neggia** 30 km; **Locarno** › **Malcantone** (Mugena) 40 km; **Mugena** › **Sorico** (Alto Lario) 65 km; **Sorico** › **Lecco** (Le Grigne/Resegone) 45 km
> **VERKEHRSMITTEL:** Am einfachsten gestaltet sich diese Tour mit dem eigenen Pkw, jedoch können alle Startpunkte der Wanderungen auch mit öffentlichen Verkehrsmitteln (meist Busse, in den Tälern westlich Locarno auch die Centovalli-Bahn) erreicht werden. Zur Cimetta, am Monte Lema, Monte Brè und Monte Generoso können Berg- oder Seilbahnen als Aufstiegshilfe benutzt werden.

Ihr Standortquartier für eine Woche suchen Sie sich in **Locarno** › S. 60. Vor dort aus starten Sie am besten mit einigen leichten Wanderungen in den **Tälern Maggia, Onsernone, Centovalli** › S. 64 und **Verzasca** › S. 65. Eine angemessene Steigerung bringt dann das erste höhere Ziel, die Wanderung

Blick vom Monte Generoso auf den Luganer See und Lugano

von der Bergstation **Cimetta** › S. 64 zur **Cima della Trosa,** einem der schönsten Aussichtsberge des Tessins. Von dort haben Sie bereits Ihr nächstes Zielgebiet vor Augen: die Berge bei **Indemini** › S. 89 am Ostufer des Lago Maggiore. Eine kurze Fahrt bringt Sie zur **Alpe di Neggia,** von der aus Sie den **Monte Gambarogno** und den **Monte Tamaro** besteigen können.

Verlegen Sie dann Ihren Standort für fünf Tage ins **Malcantone** › S. 107 westlich von Lugano. Dort warten auf Sie zwei leichte Themenwanderungen unter dem Motto Kastanienkultur und Bergbau sowie eine etwas anstrengendere Tour auf den **Monte Lema.** Auch die Touren um **Lugano** › S. 102 sind vom Malcantone aus schnell erreicht. Auf den **Monte Generoso** › S. 113, 1701 m hoch und südlichster Aussichtsberg des Tessins, fährt eine Zahnradbahn ab **Capolago.** Die letzten 100 Höhenmeter zum Gipfel geht man in 20 Min. Auch beim **Monte Brè** › S. 106 verkürzt eine Bergbahn den Aufstieg. Vom Monte Brè aus kann neben einer Tageswanderung auch eine mehrtägige Überschreitung der Gipfel um das Val Colla unternommen werden.

Alternativ können Sie einige dieser Gipfel auch vom italienischen Bergort **Cavargna** aus erklimmen, der als Abstecher an Ihrer Tour zum Comer See liegt. Das Nordufer des Sees zählt zur Region Alto Lario mit zahlreichen Wandermöglichkeiten entlang der Strecke **Menaggio** › S. 136 – **Sorico** › S. 138. Am gegenüberliegenden Ufer bietet das Massiv des **Monte Legnone** bei **Colico** › S. 138 ebenfalls schöne Touren. Den Abschluss Ihrer Wanderreise bildet schließlich der **Parco Regionale della Grigna** › S. 144. Zu den **Piani di Resinelli** im Naturpark führt eine Fahrstraße. Von dort sind – für Geübte – zahlreiche Touren möglich › auch S. 120.

INFOS VON A–Z

ÄRZTLICHE VERSORGUNG

Mitglieder gesetzlicher Krankenkassen benötigen die Europäischen Krankenversicherungskarte (EHIC) zur Inanspruchnahme von Leistungen. In Italien kann Zuzahlung anfallen, in der Schweiz Vorkasse (Rechnungen zur Erstattung!). Bei kleineren Verletzungen kann man sich in die Erste-Hilfe-Station *(Pronto Soccorso)* eines Krankenhauses begeben. Eine zusätzliche Reisekrankenversicherung mit Rückführung bei medizinischer Notwendigkeit empfiehlt sich.

DIPLOMATISCHE VERTRETUNGEN

- **Deutschland**
  Italien: Generalkonsulat,
  Via Solferino 40, 20121 Milano,
  Tel. 02 6231101, www.mailand.diplo.de
  Schweiz: Honorarkonsulat, Via Soave 9,
  6900 Lugano, Tel. 091 9227882,
  www.bern.diplo.de
- **Österreich**
  Italien: Generalkonsulat, Piazza del Liberty 8/4, 20121 Milano, Tel. 02 783743,
  www.aussenministerium.at/mailandgk
  Schweiz: Honorarkonsulat, Via Carlo
  Frasca 5, 6901 Lugano, Tel. 091 9119550,
  info@oe-konsulat-ti.ch
- **Schweiz**
  Italien: Generalkonsulat, Via Palestro 2, 20121 Milano, Tel. 02 7779161,
  www.eda.admin.ch/milano

ELEKTRIZITÄT

Die Netzspannung beträgt in beiden Ländern 220 Volt Wechselstrom. Die dünnen zweipoligen Eurostecker passen im Tessin und in Italien, nicht jedoch die dicken dreipoligen Schukostecker aus Deutschland und Österreich; ein entsprechender Adapter ist in Elektrogeschäften und Kaufhäusern sowie teilweise im Hotel erhältlich.

EINREISE

Bei der Einreise nach Italien gibt es für EU-Bürger und Schweizer zwar keine Passkontrollen, dennoch ist einen Ausweis mitzuführen. Für die Einreise in die Schweiz genügt für Deutsche und Österreicher der Personalausweis.

FEIERTAGE

- **Italien:** 1. Jan., 6. Jan., Ostermontag, 25. April (Tag der Befreiung), 1. Mai, 2. Juni (Tag der Republik), 15. Aug., 1. Nov., 8., 25. und 26. Dez.
- **Schweiz:** 1., 6. Jan., 19. März, Karfreitag, Ostermontag, 1. Mai, Christi Himmelfahrt, Pfingstmontag, Fronleichnam, 29. Juni. (St. Peter und Paul), 1. Aug. (Nationalfeiertag), 15. Aug., 1. Nov., 8., 25. und 26. Dez.

GELD & WÄHRUNG

Landeswährung in Italien ist der Euro (€), in der Schweiz der Schweizer Franken (CHF). Zum Geldabheben rund um die Uhr stehen flächendeckend EC-Geldautomaten *(bancomat)* zur Verfügung. Geschäfte, Restaurants und Hotels akzeptieren gängige Kreditkarten.

HAUSTIERE

Pflicht ist der EU-Heimtierpass mit Eintrag der Tollwutimpfung. Hund und Katze müssen mit Mikrochip (bzw. Tätowierung) gekennzeichnet sein, für Hunde sind Leine und Maulkorb mitzuführen bzw. anzulegen (kommunale Regelungen).

INFORMATIONEN

- **ENIT**
  Auskünfte zur Lombardei und zum Piemont erhält man beim Italienische Fremdenverkehrsamt (www.enit.it): D-60311 Frankfurt/M., Barckhausstr. 10, Tel. 069 237434, www.enit.de;

A-1060 Wien, Mariahilfer Str. 18/Top
XVI, Tel. 01 5051639, www.enit.at
- **Schweiz Tourismus**
  D-60311 Frankfurt/M., Rossmarkt 23;
  A-1040 Wien, Schwindgasse 20;
  Alle: Tel. 00800 10020029 (kostenlos),
  www.myswitzerland.com
- **Ticino Turismo**
  Via Ghiringhelli 7, 6500 Bellinzona,
  Tel. 091 8257056, www.ticino.ch

NOTRUF
- **Zentraler Euronotruf:** 112
- **Italien:** Polizei 113, Feuerwehr 115,
  Rettungsdienst/Bergrettung 118
- **Schweiz:** Polizei 117, Feuerwehr 118,
  Rettungsdienst/Bergrettung 144
- Wetterwarnungen und andere Sicher-
  heitshinweise für jede Region gibt fol-
  gende App: www.global-monitoring.
  com/de/global-monitoring-app

ÖFFNUNGSZEITEN
- **Banken:** In Italien i. d. R. Mo–Fr 8.30 bis
  13.30 und 15–16 Uhr, im Tessin Mo–Fr
  9–12 und 14–16.30 Uhr.
- **Geschäfte:** In Italien i. d. R. Mo–Sa
  9–12.30 und 15.30–19.30 Uhr, im Tessin
  8–12.30 und 13.30–18.30, Sa bis 17 Uhr.
  Auf dem Land kann Mo vormittags
  geschlossen, in der Stadt So stunden-
  weise geöffnet sein.
- **Kirchen:** Zum Schutz vor Kunstdieb-
  stahl können Kirchen auf dem Land
  verschlossen sein, Schlüssel sind dann
  oft bei der Pfarrei erhältlich.

SICHERHEIT
Für das Tessin, die Lombardei und das
Piemont genügt es, die üblichen Vor-
sichtsmaßnahmen v. a. gegen Kleinkrimi-
nalität (Taschendiebstähle, Trickbetrug)
zu beachten, wie etwa nicht benötigte
Dokumente und Wertgegenstände nicht
mitzuführen oder gar im Auto zurückzu-
lassen (im Hotelsafe deponieren), oder
im Gedränge z. B. in öffentlichen Ver-
kehrsmittelnund Plätzen auf Taschen und
Geldbeutel zu achten.

TELEFONIEREN
Das Mobilfunknetz ist flächendeckend,
Roaming problemlos möglich. Innerhalb
der EU fallen hierfür seit 2017 keine Kosten mehr an, wohl aber für EU-Bürger in
der Schweiz bzw. für Schweizer in Italien.
Informieren Sie sich vorab bei Ihrem Mo-
bilfunkanbieter! In den (immer seltene-
ren) Telefonzellen benötigt man die *sche-
da telefonica* (Telefonkarte, erhältlich
in Tabacchi- oder Zeitschriftenläden).
  Vorwahlen: Deutschland 00 49; Österreich 00 43; Schweiz 00 41; Italien 00 39
plus Ortsnetzkennzahl mit »0«, Letzere
wird auch bei Ortsgesprächen innerhalb
Italiens immer mitgewählt.

TRINKGELD
In Restaurants sind etwa 5–10 % des
Rechnungsbetrages üblich.

ZOLL
In der EU sind Waren des persönlichen
Bedarfs zollfrei. Hierfür gelten folgende
Richtmengen: 800 Zigaretten, 10 l Spiri-
tuosen und 90 l Wein. Ein-/Ausfuhr-Frei-
mengen für die Schweiz: 250 Zigaretten,
1 l Spirituosen über 18 Vol-%, 5 l Wein und
Souvenirs bis 300 CHF Gesamtwert.

💬 URLAUBSKASSE

- Tasse Espresso
  (al bar/Terrasse):   1,20/2 €
- Softdrink
  (al bar/Terrasse):   3,50/5 €
- Glas Bier
  (al bar/Terrasse):   3,80/6,50 €
- Panino, Pizza: 6 €
- kleines Eis: 2,50 €
- Taxifahrt (Kurz-
  strecke 8–10 km):   15 €
- Mietwagen/Tag: ab 80 €

REGISTER

BILDNACHWEIS

Coverfoto: Parco Scherrer in Morcote, Kanton Tessin, Schweiz © Mauritius Images/imageBROKER/Streit, Erwin
Fotos Umschlagrückseite: Alamy/Zoonar GmbH (links); Shutterstock/De Repente (Mitte);
Shutterstock/Babakin, Roman (rechts)

Alamy/Bocek, Eva: 63; Alamy/Piccardi, Mauro: 15; Alamy/Prisma by Dukas Presseagentur GmbH: 9; Alamy/AA World Travel Library: 97; Alamy/Burton, David: 50; Alamy/Lorenzelli, Luca Antonio: 148; Alamy/Mayovskyy, Andrew: 143; Alamy/Novarc Images: 107; Alamy/Robba, Fabrizio: 75; Alamy/Zoonar GmbH: 127; Bildagentur Huber/Gräfenhain: 37; Bildagentur Huber/Simeone, G.: 23, 134; dpa Picture-Alliance/Arco Images GmbH: 91; dpa Picture-Alliance/Agosta, Francesca: 14; dpa Picture-Alliance/Flueeler, Urs: 43; dpa Picture-Alliance/Goldmann, Ralph: 71; Fotolia/travelpeter: 146; Fotolia/Cecchetti, Marc: 138; Fotolia/elitravo: 80; Fotolia/Pautasso, Michele: 95; Fotolia/pure-life-pictures: 16; gemeinfrei: 123; GlowImages/Imagebroker: 6, 46; Huber Images/Gräfenhain: 65; Huber Images/Ripani, Massimo: 145; Kilimann, Susanne: 8; laif/hemis/Pierre Jacques: 83; laif/Heuer, Frank: 52/53; laif/Keystone Schweiz: 104; laif/Keystone Schweiz/Ruetschi: 98; laif/Kuerschner, Iris: 32/33; Legambiente Varese: 27; Lookphotos/Design Pics: 20/21; Lookphotos/Pompe, Ingolf: 54; Lookphotos/Strauß, Andreas: 115, 117; Seasons Agency/Jalag/Einwanger, Klaus-Maria: 18; Seasons Agency/Jalag/GourmetPictureGuide: 49; Seasons Agency/Jalag/Wrage, Götz: 67; Shutterstock/Babakin, Roman: 10, 30; Shutterstock/Castillo, Joaquin Ossorio: 17; Shutterstock/De Repente: 45; Shutterstock/Drumer, Trance: 151; Shutterstock/Ember, Stefano: 12; Shutterstock/leoks: 140; Shutterstock/marcovarro: 85; Shutterstock/Murtola,Evgeny: 109; Shutterstock/Photografyk: 87; Shutterstock/Quanthem: 133, 136; Shutterstock/resilva: 13, 130; stock.adobe.com/pure-life-pictures: 79.

Liebe Leserin, lieber Leser,
wir freuen uns, dass Sie sich für diesen POLYGLOTT on tour entschieden haben.
Unsere Autorinnen und Autoren sind für Sie unterwegs und recherchieren sehr gründlich,
damit Sie mit aktuellen und zuverlässigen Informationen auf Reisen gehen können.
Dennoch lassen sich Fehler nie ganz ausschließen. Wir bitten Sie um Verständnis, dass der
Verlag dafür keine Haftung übernehmen kann.

Ihre Meinung ist uns wichtig. Bitte schreiben Sie uns:
GRÄFE UND UNZER VERLAG
Postfach 86 03 66, 81630 München, Tel. 0 89 / 419 819 41
www.polyglott.de

LESERSERVICE
polyglott@graefe-und-unzer.de
Tel. 0 800 / 72 37 33 33 (gebührenfrei in D, A, CH), Mo–Do 9–17 Uhr, Fr 9–16 Uhr

1. Auflage 2019

© 2019 GRÄFE UND UNZER VERLAG GmbH,
München
Dieses Buch wurde auf chlorfrei gebleichtem
Papier gedruckt.
ISBN 978-3-8464-0455-3

**Bei Interesse an maßgeschneiderten
B2B-Editionen:**
gabriella.hoffmann@graefe-und-unzer.de

Bei Interesse an Anzeigen:
KV Kommunalverlag GmbH & Co. KG
Tel. 089/928 09 60
info@kommunal-verlag.de

Verlagsleitung: Grit Müller
Verlagsredaktion: Anne-Katrin Scheiter
Autorin: Susanne Kilimann
Redaktion: Christian Steinmaßl
Bildredaktion: Kathrin Schäfer
Mini-Dolmetscher: Langenscheidt
Umschlaggestaltung & Layout:
Independent Medien Design, München
Horst Moser (Artdirection), Lucie Heselich
Karten und Pläne: Theiss Heidolph
und Kunth Verlag GmbH & Co. KG
Satz: Tim Schulz, Mainz
Herstellung: Anna Bäumner,
Gloria Schlayer
Druck und Bindung:
Printer Trento, Italien

PEFC/18-31-506

Ein Unternehmen der
GANSKE VERLAGSGRUPPE

MINI-DOLMETSCHER ITALIENISCH

ALLGEMEINES

Guten Tag.	Buongiorno. [buondsehorno]
Hallo!	Ciao! [tschao]
Wie geht's?	Come sta? [kome sta]
Danke, gut.	Bene, grazie. [bäne grazje]
Ich heiße ...	Mi chiamo ... [mi kjamo]
Auf Wiedersehen.	Arrivederci. [arriwedertschi]
Morgen	mattina [mattina]
Nachmittag	pomeriggio [pomeridsehо]
Abend	sera [ßera]
Nacht	notte [notte]
morgen	domani [domani]
heute	oggi [odsehi]
gestern	ieri [järi]
Sprechen Sie Deutsch?	Parla tedesco? [parla tedesko]
Wie bitte?	Come, prego? [kome prägo]
Ich verstehe nicht.	Non capisco. [non kapisko]
Sagen Sie es bitte nochmals.	Lo può ripetere, per favore. [lo puo ripätere per fawore]
..., bitte.	..., per favore. [per fawore]
danke	grazie [grazje]
Keine Ursache.	Prego. [prägo]
was / wer / welcher	che / chi / quale [ke / ki / kuale]
wo / wohin	dove [dowe]
wie / wie viel	come / quanto [kome / kuanto]
wann / wie lange	quando / quanto tempo [kuando / kuanto tämpo]
warum	perché [perke]
Wie heißt das?	Come si chiama? [kome ßi kjama]
Wo ist ...?	Dov'è ...? [dowä]
Können Sie mir helfen?	Mi può aiutare? [mi puo ajutare]
ja	sì [ßi]
nein	no [no]
Entschuldigen Sie.	Scusi. [skusi]
Gibt es hier eine Touristeninformation?	C'è un ufficio di turismo qui? [tschä un uffitscho di turismo kui]
Haben Sie einen Stadtplan?	Ha una pianta della città? [a una pjanta della tschitta]
Wann ist ... geöffnet?	A che ora è aperto (m.) / aperta (w.) ...? [a ke ora ä apärto / apärta]
das Museum	il museo (m.) [il museo]

SHOPPING

Wo gibt es ...?	Dove posso trovare ...? [dowe posso troware]
Wie viel kostet das?	Quanto costa? [kuanto kosta]
Wo ist eine Bank?	Dov'è una banca? [dowä una bangka]
Ich suche einen Geldautomaten.	Dove posso trovare un bancomat? [dowe posso troware un bangkomat]
Geben Sie mir 100 g Käse / zwei Kilo Pfirsiche	Mi dia un etto di formaggio / due chili di pesche. [mi dia un ätto di formadseho / due kili di päske]
Wo kann ich telefonieren / eine Telefonkarte kaufen?	Dove posso telefonare / comprare una scheda telefonica? [dowe posso telefonare / komprare una skeda telefonika]

ESSEN UND TRINKEN

Die Speisekarte, bitte.	Il menu per favore. [il menu per fawore]
Brot	pane [pane]
Kaffee	caffè / espresso [kaffä / esprässo]
Tee	tè [tä]
mit Milch / Zucker	con latte / zucchero [kon latte / zukkero]
Orangensaft	succo d'arancia [sukko darantscha]
Mehr Kaffee, bitte.	Un altro caffè, per favore. [un altro kaffä per fawore]
Suppe	minestra [minästra]
Nudeln	pasta [pasta]
Fisch / Meeresfrüchte	pesce / frutti di mare [pesche / frutti di mare]
Fleisch	carne [karne]
Geflügel	pollame [pollame]
Beilage	contorno [kontorno]
vegetarische Gerichte	piatti vegetariani [pjatti wedsehetarjani]
Ei	uovo [uovo]
Salat	insalata [inßalata]
Dessert	dolci [doltschi]
Obst	frutta [frutta]
Eis	gelato [dsehelato]
Wein	vino [wino]
Bier	birra [birra]
Wasser	acqua [akua]
Mineralwasser	acqua minerale [akua minerale]
mit / ohne Kohlensäure	gassata / naturale [gassata / naturale]
Ich möchte bezahlen.	Il conto, per favore. [il konto per fawore]

MEINE ENTDECKUNGEN

....

....

....

....

....

....

....

....

....

....

....

....

....

....

....

....

....

....

....

Teilen Sie Ihre Entdeckungen auf facebook.com/Polyglottreisewelt.

CHECKLISTE OBERITALIENISCHE SEEN

Nur da gewesen oder schon entdeckt?

☐ **ÜBERN SEE SCHIPPERN**
Schöner als zu Wasser kann man sich den Orten am Comer See nicht nähern. »Lario«-Schiffsrundfahrten starten beispielsweise in Como › S. 120 nach Bellagio oder Piona.

☐ **DIE KLEINEN NACHBARN DES LAGO MAGGIORE**
Die charmanten ruhigeren Seen, der Lago d'Orta › S. 79 und der Lago di Varese › S. 95, sind unbedingt einen Abstecher wert.

☐ **JAZZ IN LUGANO**
Das Jazz-Sommerfestival › S. 105 verwandelt Luganos Zentrum in einen Freiluft-Musiksaal mit hochkarätiger Unterhaltung.

☐ **RELAXEN AM GRÜNEN FLUSS**
Bei Lavertezzo › S. 12, 65 überspannt eine malerische Doppel-brücke die Verzasca, die Natursteinbecken des grünen Flusses laden hier zum Abkühlen und Entspannen ein.

☐ **MIT DER BAHN DURCH »HUNDERT« TÄLER**
Eine geballte Ladung faszinierender Landschaft erlebt man bequem vom Zugfenster aus bei der Fahrt mit der Centovalli-bahn zwischen Locarno und Domodossola. › S. 64

☐ **GENUSS IM FELSENKELLER**
Grotti, typische Lokale hinter dicken Felsenwänden, sind eine Tessiner Institution. Besonders urig ist das Grotto del Tiro im Muggiotal. › S. 47

☐ **LUGANO-PANORAMA**
Der Monte Tamaro bietet herrliche Aussichten und mit der festungsartigen Kirche Santa Maria degli Angeli ein Meisterstück moderner Architektur von Mario Botta › S. 90

> 💬 **MITBRINGSEL**
>
> • **Alp-Hartkäse vom Wochen-markt:** Vakuumverpackt über-steht er die Reise. › S. 50
> • **Schal oder Schlips:** In der Sei-denstadt Como findet man edle Accessoires. › S. 49, 124